龙母之子

——上林骨医蓝国生

陆敏珠　著

中国中医药出版社
·北 京·

图书在版编目（CIP）数据

龙母之子：上林骨医蓝国生 / 陆敏珠著 . —北京：中国中医药出版社，2019.4
ISBN 978-7-5132-2466-6

Ⅰ.①龙… Ⅱ.①陆… Ⅲ.①蓝国生—传记 Ⅳ.① K826.2

中国版本图书馆 CIP 数据核字（2019）第 034559 号

中国中医药出版社出版

北京市朝阳区北三环东路 28 号易亨大厦 16 层
邮政编码　100013
传真　010-64405750
三河市同力彩印有限公司印刷
各地新华书店经销

开本 710×1000　1/16　印张 6.5　字数 77 千字
2019 年 4 月第 1 版　2019 年 4 月第 1 次印刷
书号　ISBN 978 - 7 - 5132 - 2466 - 6

定价　38.00 元
网址　www.cptcm.com

社 长 热 线　010-64405720
购 书 热 线　010-89535836
微 权 打 假　010-64405753

微信服务号　zgzyycbs
微商城网址　https://kdt.im/LIdUGr
官 方 微 博　http://e.weibo.com/cptcm
天猫旗舰店网址　https://zgzyycbs.tmall.com

如有印装质量问题请与本社出版部联系（010-64405510）

序

　　经过千百年的临床实践，古代的瓯骆医药（壮医药）形成了鲜明的民族特色、地方特色和文化特色，成为我国民族医药的重要组成部分。经过多年来全面、系统地发掘整理和研究提高，如今壮医药已拥有较为完备的理论体系，进入国家执业医师资格考试序列，形成了医疗、保健、教育、科研、文化和产业一体化，在我国中医药和民族医药事业发展中的地位迅速提高。广西民族医药研究院、广西中医药大学壮医药学院、广西国际壮医医院等壮医药教学和科研机构的相继成立，壮医药的国内外学术交流方兴未艾，标志着壮医药事业已经进入前所未有的发展阶段。

　　壮乡广大民间医生，是壮医药事业发展的坚实基础和重要力量。广西上林县塘红乡万福村民间壮医蓝国生就是其中的一位杰出代表。他秉承家传壮医药骨科治疗方法，2005年在家乡上林县创办了万福骨伤医院。他带领他的团队，以壮医理论为指导，采用壮医的方法和壮药救治了无数的外科和骨伤患者，声名远播。

　　2009年，万福骨伤医院被确定为新农合医保单位；2015年，医院被广西壮族自治区和南宁市上林县医保机构确定为定点医保单位；蓝国生本人也于2012年被广西壮族自治区卫生厅授予

"广西乡村名中医"荣誉称号。

著名传记作家陆敏珠女士，久闻蓝国生的高尚医德和精湛医术，以及万福骨伤医院的突出业绩，特别是她目睹了蓝国生对其亲友治病的确实疗效后，毅然奋笔疾书，撰成此书。书稿以传记形式介绍了蓝国生的成长经历和祈愿。我深信，该书不仅是蓝国生医生本人经历和业绩的真实记录，更是对壮医药事业发展的传承、支持和殷切的期待。"龙母文化"源远流长，将蓝国生视为"龙母之子"不仅意义高远，也应是众望所归。

欣闻书稿即将付梓，作为一个老民族医药工作者，我有感而聊赞衷言，谨此为序。

黄汉儒

2018 年 4 月 18 日于广西国际壮医医院

黄汉儒，主任医师，教授，桂派中医大师，第八届全国人民代表大会代表，广西壮族自治区第六届、第八届区政协委员，中国民族医药学会原副会长，广西民族医药协会名誉会长，广西民族医药研究院名誉院长。

自　序

　　笔者陶醉于壮族文化和壮医药学已有些年头。究竟是何缘由连自己也说不清。但有一点可以肯定，就是笔者的脉搏里流淌着这个民族的血液。

　　笔者从牙牙学语之时就深受这个民族的文化乃至"土医"（壮医）的影响。笔者的外祖母是当地稍有点名气的"土医"（壮医），外祖父是民国时期的医师。外祖母最擅长的是壮医的骨科和内科（终寿94岁）。换言之，笔者有着这个民族的生活底蕴和外祖母的言传身教。或许就是这种基因的遗传吧，使我对壮医文化产生了浓厚的兴趣，以至于对壮医药有一种求知心兴的向往！

　　现实生活中，但凡有机会能接触这个领域，或有机会学习"土医"（壮医）的传统、典故等文化知识，笔者从不含糊，也不会轻易放过。随着时间的推移，这种求知欲望非但从未减弱，反而与日俱增，越来越强烈。笔者在壮族民间"土医"（壮医）的海洋里遨游，探索和挖掘这个民族的先贤们所开创的壮医药精髓。笔者认为，能够尽自己的微薄之力，总结、保护和弘扬这个民族有价值的东西，是何等自豪！用拙笔书写有利于社会的民族医药，无疑是笔者这辈子最有意义的事情。这些年，这种理性思维似乎成了笔者的一种生活乐趣和不可或缺的生活和工作习惯。

一次偶然机会，笔者走进了久违的壮乡，邂逅了蓝国生这位被当地人称为"草根民间骨科高手"的草根院长。

蓝国生生活在上林县塘红乡万福村，他亲手组建的以"草药"为主要治疗手段的骨伤医疗团队，将古老的壮乡草药释放出令世界惊叹的力量。

笔者有缘与这位草根院长邂逅是2017年7月中旬的一天。笔者年近鲐背之年的父亲，不幸遭遇右腿骨折。事发后两天，年近仗朝之年的老母也因跳广场舞不慎左腿骨折。笔者和姐姐一起将父母送到了蓝国生院长的医院——万福骨伤医院救治。

"万福"这个词在壮族文化里是"造福"黎民百姓的意思。抬头望去，蓝国生院长所创建的骨伤医院就好像是一个"福"字的组合体，交相辉映。万福骨伤医院坐落在上林县大丰和塘红乡沿线公路中间，北部接桥贤镇、南邻三里镇。医院交通便利，方便省内外前来救治的患者。

上林县万福骨伤医院，经蓝国生院长创建，从无到有，经过不断发展，现已拥有自己的核心技术和高素质的团队。蓝国生院长和他的团队运用壮医药治疗各种骨伤疾病效果明显，来自英国及港澳地区的患者纷纷前来治疗或通过航空邮寄药材或药剂的方式进行治疗。

2017年6月中旬，壮医泰斗黄汉儒教授以及几位北京的专家到万福骨伤医院进行了实地考察，医院赢得了专家们的一致好评。

蓝国生从最初一间简陋的"草屋"家族门诊开始，以凤凰涅槃的跨越式发展，构建起骨伤医疗服务体系，担负着上林地区乃至周边广大百姓的医疗服务重任。今天万福骨伤医院不断发展壮大，已有职工约 50 人，其中大多为中、高级职称的中医师及民族医师。医院主要以壮医药为主，中医和西医为辅。医院设 6 个医疗科室，以及检验、放射、心电图、B 超、CT 等医技科室，有开放病床约 200 张。对在万福骨伤医院进行救治的患者，蓝国生和他的团队均采用的是传统"壮药"。

蓝国生和他的医疗团队，不但传承了传统的壮医骨伤技术，而且在此基础上进一步创新发展。蓝国生院长在管理理念上继承龙母（壮族祖母）医道思想，即"德医""慈孝"的天人观，采用"壮医"草药进行治疗，并经过数十年对成百上千个病案进行分析、探讨，逐步形成了骨伤疾病"整体调控"体系。他们广泛搜集各种治疗骨伤疾病的药物，寻找蕴藏在神奇效果背后的医理和药理，建立起了被社会认可、在区内外享有赞誉的骨伤专科医院。功夫不负有心人，因为成绩斐然，2012 年 3 月蓝国生荣获"广西乡村名中医"荣誉称号。

蓝国生这位土长土生的"草根"骨科医师，视草药为生命，在壮乡地区服务了数十年。这位"草根"骨科医师看似平凡，但却做出了不平凡的事。他的人生也因此而赋予了更精彩的生命价值！从更深远的意义上看，蓝国生的医学人生与上林"龙母"精神所蕴含的医药思想有着密切的联系。蓝国生为壮族医药做出了实实在在的贡献，是壮乡地区妇孺皆知的骨伤科民间"高手"！

陆敏珠

2019 年 1 月

目 录

第一章　龙母与壮医的嫡缘

一、龙母与壮医药脉络

壮乡自古以来盛产草药，这里的每一片土地都有独特草药成长的特定环境。每一种草药的背后都有一个鲜为人知的故事，也许这就是属于这个民族医术的旋律吧！

展开壮医文化的历史画卷，只有从"龙母文化"入手，方能梳理出壮医药的历史脉络，以及壮族龙母与壮医药的历史演绎。

壮族的龙母系母系氏族时期一位善良女子，壮乡的上林县是龙母诞生的源头。瓯骆族（壮族）经历了"乜弘"（壮语母系）制的母系氏族社会向"博弘"（壮语父系）制的父系氏族社会过渡。这一演变过程中产生了"博版"（壮语寨老）制。壮族在不断更替中进入了"厅弘"阶段。壮语老人厅是壮族历史生命潜能和更新的一种壮族社会体制。

"龙母文化"在岭南是那个时代壮族地区龙的图腾文化的典型体现。壮族这位老祖母——龙母是率先掌握人工种植水稻的第一人。壮族的稻作农耕经济得到发展后，壮医药的雏形逐渐形成。换言之，"那"与"兰"是壮医药的前身。

龙母时期还没有医药学的文字，更没有明确的医药学概念，但水稻给了这个民族以极大的滋养，更好地满足了这个民族的各种生活所需，进而形成了壮族的龙母文化。"龙母文化"与医学相渗透，并赋予丰富的文化内涵，形成了包括哲学、宗教、科学、技术、文学、艺术、教育、风俗等多层次、多方位的统一体。

壮族先民摸索出的这种成功的生产生活方式，使自己获得了生存和发展，并逐步形成了与自然环境相和谐、与生产方式和经济形态相适应、具有鲜明地方民族特色的生活习俗。如人们的装饰已相当丰富，有文身、文面、拔牙、凿齿、服饰、头饰、佩饰等；绘画艺术达到了承前启后和富有成就的地步，左江流域的崖壁画群就是最好的例证；雕塑艺术也得到发展，主要体现在青铜铸造模与范的雕塑制作方面，其又促进了青铜铸造业的繁荣与发展；民间的教育、舞蹈、民歌等文化和生活方式达到了一个新的水平。这一时期，壮族先民盛行巫术，笃信鬼神。壮族医药也得到了快速发展，针刺治病在这一时期产生（见《山海经》）。这也在一定程度上反映了先秦时期壮族先民对医药的认知水平。因此，龙母与壮医药的契缘更能展示本民族最初的医药学思想和医学底蕴。

在瓯骆族（壮族）人的眼中，壮族母（龙母）的形象几乎成为他们心中膜顶的崇拜。他们认为，龙母代表王权，代表衣食父母，代表医药学"圣人"。这种意识至今仍在壮乡人的基因深处延续着……

自从有了人类就有了医学活动，医药与人们生活的关系最为密切，因为这是保证人类繁衍最基本的需要，即使是动物也会采药以自救，这是一种求生的本能。因此，在社会发展的早期，每个民族都有自己本民族的医药。在人类活动早期，壮汉之间还没有交流的时候，汉医是不可能传入壮族地区的，因而，壮族先民的卫生保健依靠的是本民族的医药。在生产力极其低下、生活环境相当恶劣的年代，壮医早期的医药卫生活动充分显示出了它的重要性。

壮族先民在经历了相当长时期的裸身生活以后，从以兽皮、树皮遮盖身体以御寒逐渐发展到用羽毛、树叶、茅草等编制成"衣服"以遮身抗寒，再到学会了织布缝衣。这可从壮族地区出土的纺织原始工具，如骨针、木棒、石纺车、木纺车等得到佐证。这是人类卫生保健的又一大进步，它改善了人们的生活，大大增强了人们适应自然界变化的能力。火的应用使人们从生食过渡到熟食，并能改进药物的加工、服用，提高疗效，从而对增强体质有重大的作用。另外，壮族先民的服饰以青蓝色为主，是用蓝靛所染，有避邪、解毒的作用。花山崖壁画及铜鼓上的舞蹈造型，从一个侧面反映了壮族先民很早就知道通过体育锻炼来增强体质、预防疾病，为人类的卫生保健增添了新的更为积极的内容。诸如这些卫生保健意识的萌芽，在人类卫生保健史上有着极其重要意义。

人类在与自然、疾病、创伤、饥饿进行斗争的过程中产生了医药。骆越先民在野兽横行、瘴气弥漫、山重水复的艰苦环境中生活，疾病、创伤是难以避免的。

中医有"神农尝百草，一日而遇七十毒"的传说，壮医也是这样发展而来的。秦始皇统一中国后，壮汉文化在相互渗透的过程中，壮医药受到汉文化尤其是中医学的影响，在实践的基础上汲取中医学中的阴阳、气血、脏腑等理论，丰富了壮医药理论，使壮医对人体结构、生理病理，以及疾病的发生发展和传变有了更充分的认识。与此同时，中医也从壮医中汲取了瘴气、痧证等病证的诊治方法，壮族地区的针刺等技法和药物，尤其是毒药和解毒药等知识以丰富中医学的内容。

壮族养生学中的"那"就是"五谷养生"。古代壮族地区的粮食作

物主要是块根、块茎类，其次是水稻，最后是水稻、玉米、番薯、麦等作物的组合。稻、芋、黄豆、粟、山薯、木薯、饭豆、绿豆、豌豆、蚕豆、扁豆、刀豆等不仅是古代壮族人民的充饥之品，还是健脾养胃、补肾益气、延年益寿的壮医食疗药物，能够加工成药粥、药酒、药饭、药糕等药膳食用。如贺州的黑糯米酿酒"沽于市有名色"；桂平的黑糯米酿成的甜酒，具有"补中益气而及肾"之功效；刀豆腌酸，具有清暑热的作用。壮族的绿豆粽子、昭平豆豉、全州魔芋豆腐、甘薯粉条等，历来都是备受人们喜爱的药食两用之品。纵观壮族"兰"的养生，最早的干栏式民居建筑在新石器时代晚期就已出现，或者会更早些。这种建筑是壮族先民在潮湿多雨、瘴雾弥漫、毒蛇猛兽出没的恶劣环境下寻求生存的重要卫生保健手段。至今，壮族的许多地区，尤其是多雨潮湿的山村仍随处可见新建的干栏式民居建筑，这足以证实干栏式建筑的实用性和健康性。

关于"兰"卫生的架构，壮医泰斗黄汉儒是这样说的："越人居住干栏，壮族地区至今仍保持这种居住习俗。《桂海虞衡志》载：'民居苦茅为两重棚，谓之麻栏，以上自处，下蓄牛豕，棚上编竹为栈，但有一牛皮为姻席。牛豕之秽，升闻栈罅，习惯之；亦以其地多虎狼，不尔则人畜俱不安。'这种干栏居住建筑的选择，是适应南方自然气候条件而形成的。除了避虎狼之外，当与气候炎热、潮湿有关。人居干栏之上，可以通风采光和防潮，从而起到保健卫生的作用。"

壮族的聚居地多潮湿，易患风湿之症；山林茂密，气温较高，易得痧瘴；野兽出没，易受袭击伤害。为了预防疾病，避免野兽伤害，原始社会晚期的壮民们便发明了干栏式建筑。这种建筑分上下两层，上层住人，下层放农具等器物，或圈养牛、猪等，人住的地方距地面有若干米。这种建筑不仅通风、采光、照明度良好，而且可有效预防瘴气，抵御野兽蛇虫的袭击，减少风湿病的发生。这种建筑在岭南地区十分普遍，因为实用一直延续至今。这可以说是壮族先民预防疾病的一个创举。

在传统领域，壮医骨伤疗法同样别有特色。在原始社会，人兽杂处，相互搏斗在所难免。而且部落间的械斗也是经常发生。加上生产工具落后，劳动中发生意外伤害的情况较多。因此，外伤非常常见，并且也是致死的重要原因。古代先民遇到外伤如何处理现已难以查证，但从近代一些交通闭塞，经济、文化极其落后的地区人们往往以泥土、香灰、树叶等敷裹伤口的做法来推断，古代先民对外伤也是用泥土、野草和树叶等敷裹伤口。久而久之，人们逐渐地发现了一些适合于敷治外伤的外用药，这便是外治法的起源。

瓯骆先民们（壮族先民）在生产劳动中有时会被树枝、石块等硬物碰到、刮到，往往能够缓解碰到、刮到部位的病痛。经过长期反复实践，药锤疗、刮疗（如药物刮疗、骨弓刮疗等）等外治法由此产生。

今天的万福骨伤医院，可以说继承了前辈医者和先贤治疗的骨伤疾病的绝技。特别值得注意的是，是蓝国生对传统壮医骨伤绝技的坚守，使得新医草药的实效在患者的身上得到了充分体现。

换言之，蓝国生院长在治疗骨伤疾病方面致力于"旧瓶装新酒"，即传统与现代相结合，从而使传统的骨伤疗法有了新的内涵，用新的方法治疗各种骨伤疾病，无需手术。

壮医药与其他民族医药一样，具有鲜明的民族性。其形成和发展除了与壮族地区特定的社会、历史有密切关系外，还与自然地理环境、气候特点、文化民俗等有密切关系。尤其是巫文化与壮医药关系密切。

巫文化的核心是信奉鬼神。但是用历史唯物主义的观点看，巫文

化在中国文化中占有重要地位。它不仅影响道教文化和文学艺术，而且还影响到民族、民俗、宗教、饮食、器用、经济、生活、天文历法、哲学、教育、法律、音乐、舞蹈、美术、民间艺术、功法、戏曲、文字以及物质生产等各个方面，尤其对医药学影响很大。

壮族是一个注重民俗的民族，自然它的医药学也与民俗关系密切。如前所述，"信鬼神，重淫祀"是壮医巫医合一或医巫并存的根源。此外，断发、文身、服色尚青、鼻饮、喜食生猛、居干栏、捡骨重葬等民俗亦与壮医药有关。

现代人理发洗头是一种卫生习惯，壮族先民断发可能与天气湿热有关。断发可以使体温易于散发，同时不易被钩住而致皮肤刮破或挫伤，因此断发习俗符合卫生要求。

壮族先民盛行文身，目的是求得图腾神的保佑，同时便于彼此间的交际和通婚中的认同或区别。文身对壮医浅刺疗法的形成和发展起了一定的促进作用。

壮族先民的服饰特点是服色尚青、葛衣，这也跟岭南地区的气候环境和卫生要求有关。青色、葛衣既能使人凉爽，又可防虫避蚊。青色为蓝靛所染，还具有解毒的作用。

壮族这个民族，是一个处处都有医学意识的民族，除了陈家白药、甘家白药、蛇药出名外，骨伤科医药也不逊色。这自然与所处的地理环境有关。

张紫晨先生指出，我国最早的饮食和医药知识，从它产生时起就带有某些非科学性和神秘性，并举先秦古籍《山海经》关于草木鳞介和各种奇异动物的浓厚巫术色彩和禁忌意义为例，这种文化氛围对中医影响深远，历代中医文献不乏巫术和禁忌的描述。

壮医在这方面的内容就更多些，表现在医巫结合和服食药物的诸多禁忌上。世界瞩目的广西左江崖壁画所表现的对日、月、星辰的崇拜，古籍不乏记载。直到近现代，壮族地区仍有巫风遗存。巫文化对壮族医药的影响先是巫医合一，后是巫医并存，最后是医盛于巫。古时的壮巫分巫婆和魔公。谁家有病痛或灾难，要先请巫婆与神对话，问明病灾的缘由后，再择吉日请魔公举行法事，杀畜禽敬祭，劝离神仙，解除危难，舞刀剑，烧油锅，镇妖赶鬼。壮族民间传说，三界公能驱邪除魔，保境安民，被奉为药医和神医。旧时壮族地区各大村寨都建有药王庙，每年定期祭祀。这都是巫文化的反映。

壮医药中巫医并存的情况长期存在。壮医对某些疾病确有较好的疗效，但却往往以巫医的形式出现。这在中华人民共和国成立前，特别是边远山区的壮族民间更是如此。

壮医药历经数千年的时间演绎了与"龙母文化"的融合，一代又一代沿袭下来，使壮族社会有了一份训导的坚持和方向。"那文化"经济的盛世，埋下了壮族文明的伏笔，随之派生出这个民族医药的崛起，并伴随着文明的进步一路前行。

有哲人说，每一个民族都会有智者和仁者。他们会站在人群面前，站在天地之间，站在最高处，把他们所看到的世界和自己的领域告诉每一个族人。

圣贤们智之所在，慧之所含，他们躬身实践，训化野生水稻，开始栽培水稻。这些原本就很难用现代语言或思想加以概括和总结，犹如河水，取之可以养鱼，腾云则可化雨，进而可灌溉农田……这其中沉淀着几千年的层层文明。看着壮乡龙母的山脉，这并非是死了几千年的标本，而是活了几千年的生命征象。几千年来它始终活着，血脉畅通，呼吸匀停，这是何等壮阔的生命力！

民间壮医药的悠久历史和确切疗效，为壮医药研究提供了可靠的

客观对象和现实基础。世界卫生组织已将发展传统医学作为世界卫生保健事业的目标之一。我国的《宪法》和《民族区域自治法》已将继承发展包括民族医药在内的传统医药，作为国家大法和法律条文规定。这为壮医研究的深入开展和壮医药事业的逐步扩大提供了良好的、长期稳定的国内国际环境。

新时代良好的大环境，医务人员爱岗敬业，为促进人类健康、解除病人痛苦而勤奋工作，发扬救死扶伤的人道主义精神是万福骨伤医院文化建设的主要任务。

"医中含道，道在医中"。壮医、中医皆备且能臻于极致者寥若晨星，而万福骨伤医院在龙母文化精神潜移默化的影响下，其医疗团队在诊疗生理疾病的同时注重心理服务的作用，他们清醒地认识到，患者不仅需要温暖和爱心，更需要人文关怀。蓝国生和他的团队在提高诊疗技术的同时，更注重心理疗法。他们尊重患者，关心、体贴患者，想患者之所想，急患者之所急，充分发扬人道主义精神，做好对患者的情感服务，而这是任何医学技术所不能替代的。

蓝国生在传统壮医技艺的基础上，寻找到了一种既传统又融合了现代医疗手段综合治疗骨伤疾病的治疗体系。它为传统疗法与现代疗法相结合提供了一个新的视角。这种治疗体系免除了患者的手术之苦与麻醉药的副作用，解除了患者痛苦。

龙母作为壮族文化、医学的源头活水，以其文化、伦理、道德为中心，派生出来的瓯骆医药，亦"医道""仁治"，成为历代瓯骆族（壮族）统治阶级奉行不变的圭臬。

二、壮医药基因承袭

壮医药基因的承袭"与古为新，如将不尽"。有人说，传统的壮医药学是一本无字的医书，所以它的传承也十分特殊。民间壮医的传承多为父传子、子传孙的家族传承，也有师徒相传、口口相传。经过代代相传，后世才有悬壶济世的传承故事。

中医学的前后辉映也迎合了传统壮医药"意会知识"，如口口相传、言传身教、山歌对唱相传等，这对壮族文化，尤其是壮医药来说再合适不过了。

南国的壮医药学本身就是难以被西方学术言传的个人知识。意会知识的获取是一个领悟的过程，是一个将不连贯的局部理解为完整整体的过程。从这种意义上说，具有意会知识属性的壮医药学更适合言传身教、师徒相传。

中国传统华夏医学几千年来，无论是自学，还是父子相传、师徒授受，所有的言传身教都要求具备一定的文化底蕴，先行中华文化教育，见自己，见经典，见天地。

传统壮医所要求的同样必须具备一定壮族文化基础。家传是壮医非常重要的一种传承方式。"医不三世，药不可食"。因为壮医是"个性知识、意会知识"，更适合手把手地教授和传承。

壮医药学在数千年的发展过程中，尽管屡遭社会动荡，但仍能衰而复起，避开了中原各王朝的"查缉"。虽然传统壮医药没有机会在不幸和有幸中问鼎中原，但却完好无损地保存了自己的本质。就像西医理论是建立在母体文化，以物理、化学和生物学为核心的自然科学基础上一样，无论中医还是壮医，其诞生与发展也是建立在母体文化基

础之上的。任凭历史如何变迁，社会如何动荡，只要壮医药赖以生存和发展的母体文化环境没有改变，壮医药就不会衰败，它就能按照自身规律和文化特征一直发展下去。

壮族母体源于么教（壮族远古的一种文化），壮医起源于越巫。越巫是壮族瓯骆族群中最原始的民间信仰形式。据《史记·孝武帝本纪》载："是时既灭南越，越人勇之乃言：'越人俗信鬼，而其祠皆见鬼，数有效。昔东瓯王敬鬼，寿至百六十岁。后世谩怠，故衰耗'。乃令越巫立越祝祠，安台无坛。亦祠天神上帝百鬼，而以鸡卜。上信之，越祠鸡卜始用焉。"明邝露《赤雅》也有相似记载："汉元封二年（公元前109年）平越，得越巫，适有祠祷之事，令祠上帝。祭百鬼，用鸡卜。斯时方士如云，儒臣如雨，天子有事，不昆命于元龟，降用夷礼，廷臣莫敢致诤，意其术大有可观者矣。"

壮族地区后来出现的"布么"即由觋发展演变而来。"布么"除了从事占卜以外，还通过法事进行驱邪赶鬼、解厄禳灾活动。这个时期大约是中原的春秋战国时期。随着秦统一岭南，封建王朝在壮族地区实行封建统治，壮族地区开始接受中央统一集权管理，壮族的"布么"开始从松散式向自成体系的"么教"演变，并逐渐形成了由自然宗教向人为宗教发展的过渡形态的巫医，初步具备了壮族民间巫医捆绑宗教的基本特征。换个角度说，是壮族医药的母体。

古代越巫在壮族地区经历了漫长的氏族社会，一直到壮族社会进入文明门槛，亦春秋战国的"宁明花山岩画"时期，才越来越受人为的影响，并发生具有意义的裂变。

在中原，《黄帝内经》成书之前，中医经历了漫长的形成阶段。"神农尝百草"是中药实践象征的开始，伏羲和"历象日月星辰"测是中医元理论建构的开始，只有阴阳五行理论被上古医家作为基本理论框架认识自然事物和人体疾病之后，中医才开始逐步发展成理论医学。中医实践与理论的完美结合是由《黄帝内经》完成的。中医自此以后摆脱了经验治疗阶段，进入理论指导治病阶段。东汉末年的社会动荡，使得伤寒瘟疫频频发生，这为张仲景开创中医发展新阶段提供了社会基础。张仲景在治疗伤寒疾病的基础上，结合医经派的《黄帝内经》和经方派的《伊尹汤液经》撰就《伤寒杂病论》，创建了中医历史上第一个临床理论学派——伤寒学派，使中医学达到了第一次巅峰。历经魏晋和唐宋时期，虽然有蒙古族和满族的入侵，但是这些少数民族进入中原后就逐渐接受了中华文化的洗礼，成为中华民族的族员，并为中华文化的发展带来了新的活力，所以中医的命脉并没有被阻断，反而出现了大发展。比如"金元四大家"的出现、明末清初温病学派的兴起等。

在中国岭南地区的壮医领域，以骨伤为例，壮族先人在两千多年前就已掌握了一套人体接骨技术。到了宋朝，壮族的解剖术发展到鼎盛。有史料记载，北宋庆历年间，壮族聚居的广西宜州曾发生过一次农民起义。统治阶级用曼陀罗花酒诱捕欧希范等起义首领56人，并将其全部杀害。之后又命宜州推官吴简及绘工宋景等人对全部尸体进行解剖，绘图成册，名曰《欧希范五脏图》。这是我国医学史上第一张实绘人体解剖图，所绘内容主要为人体内脏图谱，其中，对肝、肾、心、大网膜等解剖位置和形态的描绘基本正确。如肺之下有心、肝、胆、脾，胃之下有小肠，再下有大肠，大肠之旁有膀胱……肾有二：一在肝之右微下，一在脾之左微上等。从病理的角度进行了初步的观察和记录，如"蒙干多病嗽，肺胆俱黑；欧铨少得目疾，肝有白点"。这次解剖事件，虽然以镇压农民起义为背景，事件也极端残忍，但从另一个角度，为中国医学史，特别是解剖学史留下了珍贵的原始解剖资料

与宝贵的经验。其历史意义是重大的。这也使中医和壮医在人体解剖，以及生理、病理等方面有了充分认识，不仅提供了宝贵的经验，而且有力地促进了解剖学的发展。对尸体进行解剖，绘制《欧希范五脏图》，是壮医先哲们的一个智慧杰作。壮族民间的拾骨迁葬习俗也使壮医对人体解剖有了更明确的认识，对人体的脏腑组织器官概念更为明确，尤其是骨骼、气血、五脏六腑都有相应的名称（《中国壮医学》）。同时认识了这些脏腑的生理功能及病理变化，使壮医对人体的生理、病理及病因病机有了更进一步的认识。大约在唐宋时期，壮医引进中医的阴阳、脏腑等概念，并结合原有认知作为说理工具，用以解释人体的生理病理现象，以及疾病的病因病机，从而使壮医的理论水平和临床诊疗技能得以进一步发展和提高。

毫无疑问，壮医在骨科领域的造诣无不与其先贤有关。壮医药作为一门医学理论体系、一门学问或知识，能不能成为一门独立的学科或分支学科，有没有自己的理论体系是一个相当重要的标志。现代壮医第一人黄汉儒和他的同仁们，从零星的治疗经验和医药知识中逐步摸索出规律性的东西，直到最后形成完整的理论体系。在这个相当漫长的过程中，他们设法寻找其中有共性的规律，通过抽象的思维、逻辑的分析归纳，最终形成完整的壮医药学说。以《黄帝内经》这部书为例，它作为中医理论体系完成的标志，何尝不是如此呢！也是从原始医疗经验的积累（旧石器时代）开始，经过夏、商、周等奴隶社会，直到封建社会才完成了这一过程，经过了数千年时间。

现代壮医药领域的骨伤科何尝不是如此，至今仍然保存着完整的"草根治疗"骨伤疾病，在壮乡上林蓝国生的医院，这就是活生生的例子！

蓝国生继承了传统"土医"（壮医）的骨伤医术，从传统的壮医学领域中派生出一支分支治疗体系。

蓝国生的治疗体现了系统治疗的思想。他将草药配伍成不同的"草药包"，根据受伤部位、碎骨损伤程度、疼痛的轻重、受伤的深浅、面积的大小敷于患处，并用现代科学加以解释，这就是万福骨伤医院的治疗特色。

"草药包"是治疗骨伤疾病的特色体现，无论患者老少，蓝国生院长都会取不同的"草药包"进行治疗。医院每年春季和秋季要采收上千种草药，药品仓库分类细致，公草和母草齐全，将公草与母草相配，传统壮药称为"公母草药配方剂"。不同的患者配以不同的药包，无论年龄大小、性别各异，轻者医务人员在门诊清创后便敷上药包，重者深度清理后住院治疗。

蓝国生不断把传统的壮医骨科内容进行整理和创新性转化，以适应不同的人体，无需手术就能医治不同年龄、不同损伤程度的骨科疾病。笔者因父母曾在该院治疗骨伤，才有幸目睹了骨伤诊治的整个过程。看似不起眼的"草药包"，在蓝国生和他的医疗团队手中被化为神奇，有序地用于临床实践。

来医院诊治的患者大多为本地人，但也有来自天南海北的患者。用一个不很恰当的比喻，蓝国生的医疗团队就是化解了患者疼痛的"神枪手"。壮乡的草药就是成功救治骨伤患者的灵丹妙药和"天然医生"。蓝国生和他的团队不但继承了传统壮药，并以弘扬民族医药为己任，让壮乡的上林成为救治骨伤患者的健康家园。

红土地的上林自古以来就是盛产草药的"王国"。这里气候温和，雨量充沛，草木茂盛，四季常青，动植物繁多；这里山地广阔，岩溶广布，矿藏丰富，是植物药、动物药、矿物药的天然宝库，药材资源十分丰富。

中国最早的春秋战国时期的《山海经》就记载了瓯骆地区的许多动物药、植物药和矿物药，如祝余、白莕（壮语译为桂荼、紫苏）。《逸周书·王会解》有壮族地区珠玑、玳瑁、象齿、文犀、翠羽、菌鹤等名贵药物作为贡品进贡朝廷的记载。

1978～1979年，广西全区开展了民族医药普查工作，出版了《广西民族药简编》一书，共收入民族药1021种，其中壮族民间常用药600多种。广西药用植物园编写的《药用植物名录》和广西中医药研究所编的《广西药用植物名录》，收录的药用植物达3623种，其中包括大量的壮药。广西中医药大学林吕何副教授编的《广西药用动物》，收载动物药125种。方鼎等编的《壮族民间用药选编》，收载壮族民间常用药500多种。据1987年的普查，仅广西境内的中草药就达4623种之多。

草木繁茂、四季常青的壮乡红土地，储备着丰富的天然药材。近水楼台先得月，使民间医生们习惯用新鲜药物配置药剂。在良好的自然环境条件下，"土医"（壮医）师更喜欢用生药治病。实践证实，不少鲜药的效果优于干品和炮制品，特别是外敷用于骨折和毒蛇咬伤的草药，以鲜品为佳。

民间壮医从实践中摸索总结经验，从生药的形态、性味就能大抵推测出其功能主治。他还将用药经验编成歌诀，以利于吟诵和传授。如藤木通心定祛风，对枝对叶可除红，枝叶有刺能消肿，叶里藏浆拔毒功；辛香定痛祛寒湿，甘味滋补虚弱用；圆梗白花寒性药，热药梗方花红色；根黄清热退黄用，节大跌打驳骨雄；苦能解毒兼清热，咸寒降下把坚攻；味淡多为利水药，酸涩收敛涤污脓……

壮乡的草药成为壮族祖先赖以生存的健康法宝，因此常常被医生们编成山歌或诗歌，一代代地传承。有人说，在龙母时代壮乡的草药就沿袭于世了。

三、龙母之乡

壮乡的红土是柔软而慈祥的，这一方天地，甚至连飘动的云烟都带有一种精神。"悠悠清水河，浓浓骆越情"。广西上林以龙母的人文景观丰富、水乡风光秀丽而著称于世，以"龙母山水"而闻名。

如今这片土地沉淀的仍是千年壮族传统的精华，山林间的长啸仍是当初的潇洒。壮族是稳健中发展的仁者。山林间的生命代代更迭，但真正不变的是生机，是百折不回呈现出绿色的能力。这才是壮乡最大的智慧。康，寿哉；仁，德者！

广西上林塘红乡不乏这种基因遗传。"龙母乡"又称"慈孝乡"，是上林塘红乡的旧称，更是龙母思想的发祥地。

壮族，这个行走了几千年的民族，经历了历史演变、进化，为现代提供了稻作文化，孵化了壮医药文化、养生文化等壮文化精髓。

翻开壮族历史的画卷，重读历史，上林塘红乡的百姓，自古以来，可用"古、朴、慈、孝"四字概之。

"古"是守旧的意思，故乡的社会很小，外来的东西不容易进去。

"朴"上林塘红乡的百姓在个性、举止、风度和一切一切上都呈现了朴实真诚的宝贵品质。

"慈"源于"龙母"主体文脉的世代更迭与传承。

"孝"是故乡民性最突出的一点。上林塘红乡民风尚"孝"，尤其是住在乡间的人们，家家以行"孝"为荣。

外地人对上林塘红乡人的印象之一是"上善孝行"。论民风之淳、民俗之厚以塘红乡为最。

最可贵的是，这里的百姓无论贫富，都有节俭朴素的美德。上林这里不乏大富大贵之家，其在衣着上十分讲究。尤其是老一辈人，家有良田百顷，仍是一袭布衣袍。富裕人家与长工、佃户从外表看，并无明显分别。这种乡风民俗充满着感情、力量和精神，并折射到壮乡各层次的社会生活中。

龙母是古代壮族的一位著名传奇人物，一位仁慈的壮族母亲。她的伟大之处在于，凭着勤劳、聪敏而"利泽天下"。

传说是这位壮族母亲救了一条濒临死亡的短尾蛇而成为龙母。她死后，龙蛇用狂风把她的遗体送到了干燥的岩洞中安葬，这天恰好是农历"三月三"。于是每年的这一天，短尾蛇都会来扫墓，它一来就会带来狂风。龙母的故事有四层含义：一是"天人合一"，人与自然和谐相处；二是孝道，为父母养老送终；三是有爱心，救助弱者；四是民族的文化交流，使蛇升格为龙。因龙母豢养五龙，雨泽万方，故有秦始皇礼迎未果的传说，使其遗憾而终。由此，"龙母"备受人们的爱戴和拥护。

壮族后人把葬"特掘"（短尾蛇叫"特掘"。"特"在壮语里是男的意思，"掘"在壮语里是短尾巴的意思）母亲的那座山叫"岜仙"（壮语龙母山），把那个山洞叫"敢陷"。人们自发地集资从山脚修建了一条石阶直到山洞，并在洞里设了"特掘"和他母亲的神坛，每逢初一、十五人们都会这里祭拜，求雨祈福。因为"特掘"在人间的时候爱吃母亲为他做的糯米饭，为了纪念"特掘"，当地人就按照"特掘"身上的花纹做成五色饭。这就是壮族五色饭的来源。

龙母的思想理念是笃信"万事以向善为本"，这也一直是瓯骆人（壮族）所追求的一种精神境界。瓯骆人信仰的是宗教中最神圣的"么教"，它是一切有感应的、圣灵的、最高的精神寄托。

瓯骆医学赖以生存的土壤是它的母体文化。壮族祖先的居住环境极其艰难。岭北人对岭南之瘴可谓谈虎色变。曰："南方凡病，皆谓之瘴，其实似中州伤寒。盖天气郁蒸，阳多宣泄，冬不闭藏，草木水泉，皆禀恶气。人生其间，日受其毒，元气不固，发为瘴疾。"瘴分为冷瘴、热瘴和痖瘴，"冷瘴未必死，热瘴久必死，痖瘴治得其道，间亦可生"。为了生存，壮族祖先通过顽强的毅力适应环境，努力改变自己的生存空间，在与各种亚热带疾病抗争的过程中，壮医起了很大的作用。在漫长的历史上，壮医形成了一整套预防、诊断和治疗的方法，总结出一系列壮药和单方。壮医以草药为主，主要是地缘成长的环境不同，其有别于中医。因此，"土医"形成了自己独特的诊治体系，壮医们总结了诸多行之有效的诊疗方法，如望诊、问诊、按诊、目诊、舌诊、脉诊、腹诊、甲诊、指诊、耳诊、野芋头试验法、石灰水试诊法、酸橙叶试诊法，皆独具特色。其他如针法、灸法、刮法、熏法、敷贴法、点穴法、按摩法、滚蛋法、药垫法、热熨法、食物疗法、外伤疗法、跌打损伤疗法、蛇毒疗法等等临床使用行之有效。陶针疗法是壮医独特疗法，有点刺、排刺、行刺、环刺、丛刺、散刺、轻刺、中刺、放血刺之分。岭北人谈虎色变的瘴，壮人早有根治之法："南人热瘴发一二日，以针刺其上下唇，其法：卷唇之里，刺其正中，以手捻去唇血，又以楮叶擦舌，又令病人并足而立，刺两足后腕横缝中青脉，血出如注，乃以青蒿和水服之，应手而愈。"

考古出土的长达 9.3 厘米的贵港汉代壮医九针，表明秦汉时期壮医已经达到相当高的水平。

遗憾的是，在漫长的历史中，能够强身健体，使族群绵延不息其功居伟的壮医，历朝历代均不认可，为官者均不屑一顾，连土官的"大夫第"也不闻不问。由于壮族文化出现了上下断裂，壮族上层及其

知识分子也极少关注，使得壮医连个名称也没有，更别说著书立说传承了。壮医师大多汉文水平不高，难以著书立说。清代虽然有的壮医师也写一些医著，一些中医著作也零星记载有壮医壮药的成果，但都不能与壮民族挂钩，使得壮医仍默默无闻。壮医因之得不到规范和提高，民间壮医师信心受挫，自称"ywdoj"（土医），但百姓则称他们为"canghyw"，意思是"医匠"。匠表示的是有特殊的技艺，是很受人尊重的。

传统壮医的产生与形成，很长一段时间没有文字记载，到了春秋战国时期，瓯骆人将"土医"（壮医）记载在广西宁明花山岩画上。壮医学泰斗黄汉儒视它为早期壮族医药学"诊断图"。

彰显于花山岩画上的图画是壮医药开始的象征，亦可说是壮医药元理论建构的开始。自此以后，壮医药逐渐摆脱了口口相传的经验治疗阶段，进入理论指导阶段。

瓯骆之地广西上林是"离壮族古都最近的地方"，是古代壮族政治、文化、经济、医药的集散中心，也是"龙母"文化医学活动的源头。其流向珠江流域，汇入长江支系。

岭南地区上林县塘红乡属喀斯特地貌，宜于药物种植，不但水质清澈，四周树林葱郁，而且草木茂盛，空气清新，风景宜人。东面有狮子岭山脉，西部属峰林区，景色美不胜收。由于喀斯特地貌的缘故，上林县下敢庄的百年山洞老屋是广西洞居奇观之一，"龙母山"庙更是人们朝圣之地。

有史料记载，明朝时期，这里是"八寨起义"的发祥地。之后这里是解放战争的主要根据地之一。

追溯瓯骆族的历史，布洛陀是远古时期骆越民族（壮族先民百越的主体民族）的始祖，后进入方国时代。比较著名的有骆越和西瓯方国。当时它们是雄踞岭南地区的"土著"，可谓壮族人的祖先。

骆越和西瓯这两个主要的支系，已经走过几千年的历史，他们创造了灿烂的稻作文明。诸如大石铲文化、龙母文化、青铜文化、铜鼓文化、花山文化等，这些都是中华民族宝贵的文化遗产。

壮族的上林地区亦有"稻米之乡"的美称，其通过多种方式传播文化。壮族也是我国最早种植水稻和最先培植棉花的民族之一，高山畜牧业也较为发达。壮族地区的矿产资源、水力资源、海洋资源、动植物资源、旅游资源、药物资源等极为丰富，蕴含着巨大的发展潜力。

壮族的蚕丝文化古今闻名遐迩。上林的蚕丝文化包括桑植文化、养蚕文化、纺织文化、信仰文化、生产文化和礼仪习俗等，沿袭布洛陀时代农耕文化的文明，从远古一路走来，薪火相传。

人杰地灵的上林，最有影响的还是塘红乡。塘红乡位于上林县北部，东接乔贤镇，南邻三里镇，北接忻城县古蓬镇，西与中可乡、西燕镇交界，距上林县城43公里，距南宁市154公里。塘红乡人朴实憨厚，无法想象，除了反复折腾脚下的泥土外还有什么其他过日子的方式，而对这潮湿的红泥土又能有什么要求呢？

然而，生活在塘红乡的百姓，安居乐业，民风淳朴，待人热情，民间文化艺术十分丰富。全乡总面积185.18平方公里，耕地面积2.02万亩，林地面积3.77万亩，森林覆盖率25.4%，南岩、良王中各有小型水库一个。三里镇至中可乡的县级公路将塘红乡分成东西两部分，东部以丘陵为主，西部以石山为主，主要的经济以种植业为主，农作物有水稻、玉米、甘蔗、桑、花生、木薯、黄豆等；矿产资源丰富，有煤、方解石、石灰石、铅锌矿、红铁矿、铝土矿等。

上林县塘红乡地处回归线以南，属典型的亚热带季风气候。雨量充沛，光照充足，土地肥沃，资源丰富，明代地理学家、旅行家、文

学家徐霞客曾多次造访此地。

上林县塘红乡的自然与人文环境对人们的文化心理结构的形成影响明显。长期生活在这样的自然与人文环境中，就会形成一定的文化心理结构，其中"龙母文化"的影响非同一般。反过来，文化心理结构对自然、人文环境也会产生一定的反作用。当人们在社会实践中将固有的价值观念投射于特定地区，将本质力量对象化，就会引起当地生产和生活方式的改变，壮族先进的稻作文化，已成为今天岭南地区的一大主导力量。

广西上林县的塘红乡面积不大，却承载了远古瓯骆稻作和龙母精神南来北往的稻作经济血脉，迈进了新时代。

走进上林壮乡的这片土地，走进龙母的情怀，会释放出一种朴素的感性力量。龙母精神形成了精神传递的大流畅，影响着壮族的世世代代。

坐落在龙母山北面的万福骨伤医院，它的成长壮大，有人说得益于壮族祖母龙母的抬爱，也有人说是靠先祖的庇护，或是祖辈的馈赠。在笔者看来，几者兼有。但不能忽视的是，这是医院的领头羊蓝国生院长日复一日、年复一年、努力奋斗的结果。蓝国生的努力在于坚持，"滴水穿石，铁杵磨针"，只有具备这一精神者，才能见功勋。

但凡成就一件事，无不经过超越环境和世俗的搏斗，经过拼搏，方才一步步走向成功，实现自己的初心和梦想。

早在20世纪初，蓝国生就潜心壮医理论研究，并开始用壮医药对各类骨伤疾病的防治与康复进行临床研究，提出了壮医治疗骨折的综合疗法。该疗法适用不同年龄段的骨伤疾病。

蓝国生遵循壮医"三气同步""三道""两路"理论，注重"毒药""解毒药""鲜药"和"食补"的临床应用，特色明显，疗效甚佳。

在蓝国生看来，壮医药的现代化是建立在继承传统壮医药理论、挖掘传统技艺和总结传统经验基础上的发展和创新。他注重发挥壮药的作用机理，创造性地总结出预防和治疗骨伤疾病的现代疗法。后人在总结前人经验的基础上不断提升观察世界和改造世界的能力，从古医籍中汲取营养，丰富自己，拓宽自己的知识面。

万福骨伤医院在蓝国生的带领下，全体人员本着以"道"行医、以"仁"待患的胸怀，用壮医药和最纯熟的医术和匠心服务患者。然而，"仁"和"道"的形成要靠深厚的文化底蕴和道德良知，要靠团队每一个人的不懈努力。经过数十年的探索与拼搏，蓝国生和他的医疗团队终于实现了他们的梦想。古人云："夫医者，非仁爱之士不可托也，非聪明理达不可任也，非廉洁淳良不可信也。其德能仁恕博爱，其智能宣畅曲解。"又云："凡为医者，须略通古今，粗守仁义，绝驰骛利名之心，专博施救援之志。"再云："凡为医者，性存温雅，志必谦恭，动需礼节，举乃和柔，无自妄尊，不可矫饰；广收方论，博通易理，明运气，晓阴阳，善诊切，精察视，辨真伪，分寒热，审标本，识轻重，贫富用心皆一，贵贱使药无别。苟能如此，于道几希，是以医者所为遵循者也。"

常言道：思想一变天地宽。有人说地理环境既指人居住的大环境，也指人工作、学习和家庭的小环境，小环境包括在地域的大环境中，虽然有时两者间并不完全重合，但上林县塘红乡万福村的"慈孝"乃百行之本，从善之初也。就像隐潜在瓯骆族血管中的密码，始终未曾消失！

"厚德载医"是蓝国生团队的立院之本。蓝国生创立万福骨伤医院是他传承、坚持、博爱、仁者医人结果的体现，亦皈依了龙母的医者精神。

　　龙母的"仁德、慈医"有其独特的传统文化内涵，无论医学领域还是社会生产和生活各个方面，都深深地影响着一代又一代壮族儿女。壮族是中国少数民族中人口最多的民族，这与"土医"（壮医）有着密不可分的关系。壮医药带着它的民族文化共同走进习近平总书记领导的新时代。

　　"医德载人""点石成金"，上林万福骨伤医院的这些理念可谓得民心，顺民意。若将这精神进行"移植"，其他一切事情便可顺水推舟了。

　　凡是来上林万福骨伤医院的患者，皆对医院的特色医疗和高超医术赞不绝口。上林万福骨伤医院不但治愈了患者身上的病痛，也治愈了患者心理上的疾患，是广大患者及家属的"精神家园"。然而，这一切都离不开蓝国生和他的医疗团队的长期坚守和对患者的情怀。患者到这里就诊，一切都是那么和谐、自然与从容。其中，蓝国生的母亲蓝佩全的心力可谓万福骨伤医院成长的引擎。

"龙母"时期骆越族古龙母古都（国家博物馆藏）

第二章　龙母圣泽下的赤子

一、自强不息

要想腾云驾雾，就得先从爬云学起。任何一项事业的开始总是艰难的。人们可以从蓝国生的身上看到成功人士所具有的性格，那就是顺应时代的需要，按照自己的意愿努力描绘自己的人生蓝图。人才就是这样的人，他们善于做出常人不敢做的选择，善于把握常人难以把握的机遇。一个人没有知识并不可怕，可怕的是丧失接受知识的能力。蓝国生之所以能够取得成功，一方面得益于自幼养成不甘平淡的性格，另一方面也得益于他超常的接受知识的能力。

1996 年 9 月，蓝国生的医药事业步入正轨，在壮乡上林的骨伤疾病治疗技术使他小有名气，但他还是去广西民族医药研究所接受了培训，而且取得了不俗的成绩。

短短时间的学习使他不仅获得了书本知识，而且领悟了一个普通人怎样才能成功的道理，也有了他一生学习和追寻的目标。

蓝国生继承了壮医技术，在长达四十年的时间里，他除了传承千般磨砺、锤炼的壮医理论和理法方药，更多是总结先贤医者的经验。

本着对医道无比坚定的恒心与热爱，以及对高水平医术的执着追求，他对自己永不满足，医术上精益求精，始终不停步前进着。

相比之下，蓝国生对民族医药的热爱与执着并没有因先辈的光辉而遮住自己的眼睛，或因家族、母亲留下来的一点点成果而停滞不前。他追求的更多的是不断突破自我，是对高水平医术的追求。站在母辈和恩师的肩膀上，他的前面是大好前景。

蓝国生苦心钻研壮医骨科数十年，那种勤求医道、勇于突破的精神，精勤不倦、永不言败的执着，永远不让自己停步，努力让自己具备合乎天地之道的思维，让自己掌握经典中的理法，让自己以更高的眼光看待世界，跳出医学局限，突破诊疗瓶颈，从而展示超凡脱俗的疗效。

有人说，行医其实就是一场修行，类似于苦行僧的"苦行"。"天将与之，必先苦之；天将毁之，必先累之"。

蓝国生幼年时期对草药充满好奇，少年时期他聪明好学，青年时期便立志创建"草药门诊"，壮年则拓荒上林万福骨伤医院。一路坎坷曲折，意志坚定。蓝国生生于上林，长于上林，生活在上林。他的祖祖辈辈也生活在上林。

蓝国生身为壮族农家子弟，个子不高，但浓黑的眉毛下面，两只大眼睛闪闪发亮，透露出朴实。蓝国生博学于草药，与家族"土医"（壮医）思想和传统壮医药一脉相承。

蓝国生在继承家族医技的基础上融合中医药精髓。低下头来埋头苦干，扎根传统壮医土壤，用实际行动演绎了现代骨伤治疗的特色疗效，开辟出一条有自己特色的骨伤疾病治疗之路。

蓝国生的青少年不堪回首，正值 20 世纪 60 年代中期，狂热的运动、嗜血的饥饿，谁也难以逃脱时代的漩涡。"文革"期间的蓝国生，经历了亲人离去的悲痛和辍学在家的痛苦。蓝国生的二哥因突发事件而过早地离开了人世，这使蓝家陷入了危机，不到20岁的蓝国生不得不挑起一大家子的生活重担。

蓝国生开始和本村的小伙伴经营起了卖木炭和鸡蛋的小本生意。每天早上起床后，母亲会给儿子蓝国生备足一天出门在外做工的饭和水。蓝国生和小伙伴们行走在山谷间，把砍下的柴火烧成炭后再挑到乡镇市场去卖。他们的衣衫全都变得褴褛不堪，为了劳动方便，便找来一条草绳系于腰间。他们日复一日地劳作着，特别是在炎热的夏天和寒冷的冬天，这是他们最难熬的日子。蓝国生从小就养成了劳动习惯，在自家的田埂里耕地犁田，这样的生活维系了好几年。

从上林红土地的"龙母慈祥"之地走出来的蓝国生，自从父亲去世后他便是这个家的顶梁柱。

"文革"时期社会动荡，人们还没有心思去品咂一下这历史变更的苦涩，便匆匆忙忙地赶路去了。父亲过早地离世，无情地将这个家庭打入了"十八层地狱"。对蓝母的打击更是难以用语言形容，这是她永远的痛！泪水变成了蓝母的生命，只有靠生命来拥抱"土医"（壮医）了，别无选择。

在那个特殊的年代，蓝国生父亲的是是非非难以分辨。他一直被推在时代的风口浪尖上，有人称赞他是大家风范，也有人说他唾沫横飞；有人将他笔下所描写的奉为人生哲理，也有人说他漏洞百出。这也是蓝国生母亲最疼痛的伤口所在。

父亲是宾阳的高才生，后在国民党军队服役。母亲是当地没落家族的大小姐，抗日时期是一名积极的抗日分子。蓝家曾一度成为中国地下党的抗日联络点。每当有人来，蓝母都会把家里最好的东西拿出来款待，同时为联络点站岗放哨，蓝家成了抗日大家庭。

言及至此，不管这里发生过什么，蓝国生终于来了；不管来干什么，一种本该属于自己的生命重新萌动起来，这生命来自遥远的历史，来自深厚的故土。唤醒他，只需要一个闪电般掠过的轻微信息。

韶华的蓝国生，面对着家乡那难以忘怀的山山水水，满脸惶恐，满眼水色，满身洁净。

常言道："穷人孩子早当家"。艰辛的生活促成精神的成长，有助于灵魂的丰满。初冬的万福村就像一首读不完的诗，远山、寒水、村庄、暮云全都溶成瓦蓝色，潺潺山泉、蔚蓝的天空与无数出没其间的鸟翅一同摇曳，一阵阵凉风习来，把埋藏心底的所有"草药"诗一起卷出。

蓝国生开始着手家族的"土医技"，因得益于"神医乞丐"的点播，使蓝氏骨科如虎添翼。

说到"神医乞丐"点播，让人联想到汉朝初期张良遇见黄石公的情景。黄石公高兴地对张良说："孺子可教也！"于是拿出一本《姜太公兵书》递给张良，并说："你回去读它就可以做帝王的老师了。十三年之后，你见到的济北谷城山下的黄石就是我。"于是离去，看不见了。

自从蓝国生遇到"神医乞丐"后，他的骨科医术更上一等，使得他在骨科医术上能够大显身手。这完全是为了"演其所知"。"演"是什么意思呢？"演"就是推演、扩大、发展、延续的意思。它能够把壮医药学知识发展、拓宽，发扬光大，这就是经旨。只有真正掌握壮族传统文化的精髓，才能真正把传统壮医的医技发挥到极致，并化作生命健康的音符，起伏跃腾！这是蓝国生出道行医以来所遵循的宗旨。

恰如儒家鼻祖孔子所认为的那样，做学问的关键就是"学而不思则罔，思而不学则殆"。不管做什么学问，西医也好，中医也好，壮医也罢，学就是学习过去的东西，实际上就是旧的东西，只是这个旧的程度有所不同罢了。光学现有的东西是不行的。这种为了学习而学习，孔子认为那是罔然。所以，光是学了很多东西，积累了很多知识，哪怕成了一部活字典，还是不行。有知识，不一定有学问。古人的这个认识是很有道理的。

孔子的立学中还有一个重要的思想就是"思"。"思"是一个组合的过程，通过这个组合，各种材料、各个部件相互碰撞、接触，融合成新的东西。这个过程实际上就是创新的过程。"喜新"这是每个人的习性，但新不是凭空来的，新是从旧中来的，所以"思而不学则殆"。

蓝国生数十年为发掘、整理、研究壮医药而努力工作，将创新作为临床实践的指导思想。蓝国生在拓展壮医门诊与病房路上的每一步前行，没有哪一步是不需要付出努力的，但无论多么艰难，他都以微笑面对，他暖心的微笑让整个门诊和住院患者的伤痛似乎都被治愈了，似乎草药的味道都会是甜甜的开心！

有谁会想到，蓝院长数十年的艰辛跋涉所留下的痛苦与快乐的足迹，却在这片土地创造出可歌可泣的业绩和无限的仁爱医业奇迹！

人真的是要有自立精神，因为这个世界存在诸多难讲理的事情。要想活下去是件十分不容易的事，如果慢一步就会没饭吃，无论什么事只能靠自己。这种自立精神就是蓝院长骨伤事业发展的基石。蓝国生在提高自己壮医药诊疗医术的同时，带着"土医"（壮医）的基因，开创性地在上林塘红乡建立了有史以来第一家万福骨伤医院，其将壮医骨伤医技发扬光大并传承于世。

生命那玄妙的边缘，也许是生命的契机。诞生于 20 世纪 50 年代的蓝国生也赶上了"文革"时期。即使是远在南疆遥远的上林县塘红乡也不例外。如同一条幽径，曲折迂回中总会激起些心旷神怡的向往；一波巨澜，潮起潮落时更能迭出惊心动魄的鸣响。

造物主的这个新创，造出来的是人的灵魂。它用成熟的面孔、永恒的目光来回答世人的注视，而且这个过程充满着爱与恨相交融的情感。这也许就是诠释"生命"意义的唯一答案了。

蓝国生的一生，如果说磨难是他整个人生的主题词，那么磨难在让他承载痛苦的同时也历练了心智，砥砺着他的意志，锻造着他的品格，并最终见证着他辉煌的人生。

蓝国生跟许多成功人士一样，都有一种永不言败的精神，这就是他步入成功轨道不可或缺的品格。

二、永不言败

除从根源上探讨，还必须追求彻底的了解，也就是"知止"（求根源之意），只有"知止"才能进一步将事情做到至臻至善。这就是《大学》里所说的"知止而后有定，定后而后能静，静而后能安，安而后能虑，虑而后能得"。意思是说，只有追根究底，在彻底了解的基础上选择才会坚定，不会因客观因素的有利或不利，或因他人的褒贬而犹豫或信心动摇。心只有定后才能静，才能安于从事自己的工作，进而不断思考，不断追求完善，最终将事情做到"至善"的境地。

蓝国生采用"土医"的草药配伍成药包，秉承"定、静、安、虑、得"的精神，在开发壮药配方方面追求科学化、合理化，不断揭示其本质，充分体现了他誓不罢休的性格。

蓝国生用草药包治疗骨伤疾病，他的这份良苦用心，数十年所救治的骨伤患者给了他最好的回报。采访蓝国生时了解到，尽管父亲英年早逝，但父亲的遗传基因和幼时受到的教育对他的一生都起着至关重要的作用。蓝国生父亲学习优秀，不仅善于思考，还是个不甘平淡、心存高远的人。父亲的性格深深影响着蓝氏三兄弟，使他们都潜心于"土医"（壮医）这一事业，做出不平凡的业事。这在蓝国生身上表现得更为明显。他的骨子里蕴含有吃苦耐劳的性格和对医学事业的坚忍不拔，这都离不开父亲基因的遗传。

蓝国生院长这位壮族后裔的接骨"草根医生"，用毕生精力倾诉着他对"土医"（壮医）的情感。他的手上常常沾满带有泥土的草药，并时常默默地在药房的角落思考，始终跟草药打着交道。蓝国生如一颗沉默的坚果，沉迷于药果、草药之中，废寝忘食！

一心向往成为"土医"（壮医）的蓝国生，受家族条件的限制和传统观念的影响，养成了勤俭质朴、憨厚老实、任劳任怨、仁医尚善等优秀品质。这让笔者想起了逝去的医者刘完素的故事。刘完素（1110—1200 年），河间人（现河北河间县），金代著名医学家，为金元四大家之一，人称"刘河间"，倡伤寒火热病机理论，主寒凉攻邪，形成了著名的河间派，对后世热病学说有不少启发，所创制的治疗伤寒热病的方剂恩泽后世。

在上林万福骨伤医院，蓝国生带领他的团队将古代瓯骆的骨折治疗技术精髓融入现代因素，继承并加以传承，使骨折医术得到创新，不但承载了传统壮医骨折技术的基因，也蕴含了现代因素。

蓝国生创建的这所骨伤医院独具特色，全部采用壮药治疗骨伤疾病。作为传统壮医理论重要载体的"土医"（壮医），既迎合了现代的要求，又让传统壮医药得到发展，很好地诠释了对传统医药的继承。

蓝国生一路走来，无时不在循环着这样的基调。无论是时间的跨越还是空间的穿梭，他所崇尚的"医德"永恒地成为医院的生命坐标。

蓝国生作为医院的法人代表以继承者的双重身份带领医院的核心团队，采集民间验方，集社会智慧。特别在治疗骨伤疾病方面，以传

统医学为基石，以西医为辅助，历经数十年的临床实践，创新出一套治疗现代人骨伤疾病的医疗体系。

诚然，壮医先贤的所谓"精湛骨折医术"是祖先通过世世代代实践和失败中总结出来的适合广大壮族地区百姓的技术，蓝国生的骨伤医院，可谓现代版的壮医世家，不仅没有丧失本民族医药的活力，更是将优秀的民族医学精髓一代代地传承下来和弘扬下去。

壮族有聚族而居的习俗。它的医学带有"巫医"的性质，有着类似宗教的意味。壮族文化对道德和仁医有着很高的要求。作为一个医者，"德"是品德，"医"是"医学才智"。德才兼备固然最好，但当二者不可兼得时，宁取"德"而不取"才"。

作为"土医"（壮医）的蓝国生，不仅是传统民族医药的守护者，还是骨伤医术的革新者。

自古以来，蕴藏在民间的医药力量就是传统医学的源头活水，更是现代医学的典范取向。蓝国生的骨伤医院在治疗骨伤疾病上，将"洗、草、穴、补"四者融为一体，很适合现代人骨骼的修复。其堪称现代人骨伤疾病"量身定做"的系统疗法。

"洗"是壮药熏洗之法。用多种壮族地区的草药煎水，让患者坐于围布棚中，取药液趁热熏洗骨伤处。待药液温度适宜，再行沐浴。该疗法具有杀菌排毒、缓解疼痛的作用。需注意的是必须每天清洁伤口。

壮医认为，"洗"法能够促进骨折患者血液循环，草药包有利于快速吸收营养，融化碎骨和微小颗粒，促进新骨细胞生长。

"草"是将多种公母草药做成草药包，对骨折处进行冷敷（早晚各敷1次）。草药包的最大作用就是各种草药尽其所能，促使骨折部位支离破碎的小骨复归到位，促进新骨生长。用西医学的话说就是提升自愈力，使坏死的骨细胞复活。

"穴"是蓝国生院长将手法点穴与针灸融合为一体的特色疗法。骨伤患者大多疼痛难耐。西医多采用止痛针或口服止痛药来缓解疼痛,蓝国生院长则采用传统的壮医点穴,瞬间就能缓解患者疼痛。

蓝国生注重创新治疗方法,为现代骨伤医学注入了新的内容。在借鉴先贤医者经验的同时,并未忘记与现代医学接轨,而是采用针灸止痛替代麻药类止痛,更好地为广大患者服务。

壮医针灸源于壮族的"九针",历史悠久,闻名古今和海内外。一篇关于"针灸代替麻醉药止痛"的海外文章引起人们的关注。在西方,以美国为例,很多医生进行大小手术时都喜欢用针灸代替麻醉药,原因就在于麻醉药存在诸多安全隐患,而针灸则没有副作用,安全可靠。

"补"是指"补虚",在临床上以辨病为主,辨病与辨证相结合。患者如果身体虚弱,就可采用补虚的方法治疗。一般补虚用动物类药多于用植物类药。

总之,蓝国生领导的医疗团队,治疗骨伤疾病的独特之处就是将"洗、草、穴、补"四者融为一体,先对骨折患处用温草药水处理后,再用草药包对伤处进行冷敷(不同的患者因人而异)。壮医认为,肿胀一般是毛细血管破裂所致,冷敷能够收缩血管,起到止血作用。骨折特别严重者,采用多种草药组成的药包进行冷敷,既可减轻毛细血管局部充血,还可抑制神经末梢的感觉,减慢局部神经传导速度,降低感觉敏感性,从而达到止痛的目的,此外还能降温退热。

数十年来,蓝国生所诊治的骨伤病例几乎都采用冷敷,且效果十分喜人。其中也有一些患者采用冷热敷交替的方法。壮医认为,热敷能够消除瘀血,先热敷会使血管扩张,加速血流循环,使病情加重。

壮药俗称"土药",在先秦时期开始萌芽,经过汉魏六朝,壮族先民经过长期防病治病的实践,逐渐积累了丰富的经验,形成了具有浓

郁民族特色的壮药。

我们知道，壮族先民对药物的认识源于生活和生产实践，随着农业和狩猎的发展，先民们逐渐认识了植物药和动物药；随着采矿业的兴起，先民们逐渐认识了矿物药，经过不断积累，逐渐发展为壮医治疗方法。

壮药配制一般情况下以鲜药为主。壮药在组方上讲究公草药与母草药联姻配伍。广西红土地上的上林万福骨伤医院，遵循这一法则，各种草药配方和剂量均采用这一组方原则。这种独特的草药，对不同年龄、不同骨折位置、不同骨伤程度的患者可谓有的放矢，疗效十分显著。

壮药具有很强的特点，能够有效缓解患者的疼痛状态。人体如同一个高度精密的机器，一旦受到损伤，一些功能就会紊乱。就骨折患者而言，唯一解决的方法就是恢复骨折功能，修复骨折细胞。蓝国生可谓修复骨折细胞的能手。可以说，蓝国生的骨伤医院是治疗各种骨伤疾病的"专业户"。其所采用的治疗方法具有操作简便、价格低廉、安全有效等特点，在当今多元的骨伤领域，这个草根医院无疑是新时代骨伤医院的一朵奇葩。在这里，现代人能见识壮医草药包的灵性，体悟壮医的智慧所在。

壮医在几千年的发展中也曾保守、自闭过。当西医探险者乘风破浪开辟新时代时，壮族医者仍无虑地沉湎于自己季季葱郁的草药防治当中，但这正是壮医在稳健中求发展、在拓新与生长中永葆特色的"原生态医学"。

蓝国生院长和他的医疗团队，在对传统壮医骨伤疾病诊治的探索中，建构了对骨伤疾病领域的全新认识，开辟了新的骨伤治疗领域。

壮医这种接地气的骨伤疗法，应运于"天人感应"。蓝国生传承了这种接地气疗法，并将其融入现代骨伤疾病的治疗中，从而构建起新的壮医治疗体系。他的做法得到了患者的认可，蓝院长本人深受患者欢迎，他也被患者誉为医术高超、医德高尚的草根医生。

作为"土医"（壮医）骨科高手兼院长的蓝国生，始终谦称自己只是一名壮族草根医生。事实也确实如此。蓝国生从未就读过任何一所中医药院校，他高超的医术，除了自己的勤奋与努力外，一部分来自他母亲蓝佩全的医技衣钵。

蓝国生的母亲蓝佩全，是壮乡颇有名气的民间骨科土医生。她的言传身教与家族医技，有意无意地传承给了小儿子蓝国生。还是童年和青年的蓝国生，在母亲耳濡目染的熏陶下和家族"土医技"潜移默化的影响下，内心深处早已埋下了"土医"（壮医）的种子，这使他长大后很快成为骨伤领域的出类拔萃之人。如果说，母亲在儿子蓝国生身上延伸了自己的壮族医技生命，那么蓝国生就在患者上释放出其生命和健康信息。自今蓝国生已成为一位知名的壮医骨伤医生，他的医技也构筑了壮族医技的一道墙，这道墙之坚实，并不亚于其前辈。

1954年，蓝国生出生在上林县塘红乡万福村的医药世家。因为各种原因，他只读到初中一年级。凡是知道他的人，都对此扼腕叹息，黯然伤神。凡是不知晓他的人，都会感到惊愕，壮族竟还有这样一位神一般的骨科医生。

笔者希望蓝国生的事迹能像阳光一样，把壮医和中医的从业者全部照耀。让普通的生命因为他的事迹不再妄自菲薄，且生命不息，奋斗不止。只要真正努力过，上天就会给予应有的回报。

蓝国生虽然中学不曾毕业，但却在骨伤领域做了一生的学问。世人在惊叹他半截的中学学历时，不应忘记，蓝母是让他拥有"土医"的那片沃土。在"土医"家度过的那段令他毕生最难忘的时光，也让

好学的蓝国生有了别样的少年岁月。按世俗眼光，蓝国生既不是名校毕业，也未真正研究过医学，充其量只能算家学。然而就是这家学，让蓝国生有了扎实的骨伤学术功底。

蓝国生院长的中学学历对今天的中医从业者或许有着一定的借鉴意义。只要努力，就会拥有实力；实力终会让你光芒四射。虽然不是每个人都有像蓝国生一样的"土医"世家，但在科技高度发达的今天，只要真心向学，网络世界里有丰富的知识，绝对十倍于蓝氏家族的学术。

今天的很多中医人，没有机会读名校，没有机会拜名师，但现代科技能够弥补其不足。蓝国生院长的人生表明，只要沉下心去精进不止，所拥有的实力，与在名校、跟名师学习一样，有相同的含金量。上进心会让知识不断更新，知识在量变引起质变后，生命会更加丰富多彩。

生活在壮族地区，像蓝国生"土医"这样的家庭环境，使蓝国生从童年时期就立下了学习"土医"的志向。

蓝国生上承蓝氏医技，下启中医药。在传统医学中徜徉，承袭医圣余绪，发掘、提升自己的潜能，终于在骨伤领域形成了自己独特的治疗体系。

壮医药的传承有着独有的特点，其中包括独具特色的医药知识和经验，如独特的疗法、一技之长、应用草药和动物药的经验等，这些就是这个民族独特的医药所在。否则，这个民族就不可能作为一个独立的民族而存在和延续。

几千年来，壮医药的传承不仅仅是书面的文字记载，还包括民间口耳相传的口头文献。这种口头文献都是一些朴素的、未经加工整理的、缺少理论且粗放的口头语言。壮乡的万福骨伤医院与蓝氏家族医技的传承，在壮族医药体系中不过是传统壮族文化传承的一个缩影。

瓯骆文化（壮族）与瓯骆医学，本是同根同源，同体共命，同祖同宗。以宁明花山岩画为代表的壮医药诊断图，堪称瓯骆族早期的壮族"岐黄学"或"轩岐学"，壮药又称瓯骆本草。

壮医药之所以延绵数千年，虽屡遭社会动荡却仍能衰而复起，就是因为它是源于母体文化，是在以"龙母文化"和"壮儒文化"为核心的壮族文化的基础上诞生与发展的。无论社会如何变化，只要壮医赖以生存和发展的母体文化环境没有丧失，壮医药就不会衰败，它就能按照自身的规律和文化特征一直发展下去。

万福骨伤医院创始人蓝国生"某生长兹土，犹乡之人也"。还在韶华之时的蓝国生便巢筑了"草药室"，修其医道。这里是蓝国生"土医"（壮医）思想的发源地与骨伤医术的起点。

"修己治人，本无二道"。沐浴着龙母精神成长的蓝国生，对壮医医技的传承与弘扬充满着信心，龙母的医德精神渗透和影响着他，填满了他整个医道生命。

就时间而言，蓝国生与龙母时代相距几千年，但这并不影响蓝国生的思想与龙母精神相融合。蓝国生走上"土医"（壮医）路之初，他的医道就与龙母精神息息相关。龙母精神与时代融合并进，是华夏民族的福祉。

圣人言："心乃万象之主宰，佛家注于明心，道家注于修心，儒家注于存心，皆不离心为道。"传承与弘扬传统"土医"（壮医），是蓝国生仁医道的载体，目的是更好地服务百姓。

蓝国生似乎就是"土医"（壮医）医技的复活者。"高山仰止，景行景止，虽不能至，然心向往之"！

壮族祖母（龙母）医者的心道，是几千年来"壮儒家"的源头活

水，它使后世的壮儒们自觉奉行"自度度人，成己成人"的信条。壮族龙母的心道，在壮族传统儒学文化精神上独树一帜。

蓝国生创办草根骨伤医院十多年来，没有忘记"祖训"所必遵循的"立德""立信""守仁""博爱"的管理理念。在医道上，蓝国生一直以来始终扮演着"草根医生"这个角色，且令人信服！笔者在想，最令蓝国生欣慰的是，经他和他的医疗团队救治的患者，恢复健康者不计其数。蓝国生不仅解除了患者身上的痛楚，还让患者看到了希望。从医院康复出院的患者，每个人的脸上都洋溢着灿烂的微笑，那种笑是发自内心的！

蓝国生骨伤医院的疗效和医师们的高尚医德，可谓风行四里八乡，区内区外相传，并走向世界！

我的父母到了医院后，笔者亲身体会到了蓝国生院长的亲力亲为和医院医务人员的热情服务。父母入院之前，医院的两栋病房已经住满了患者，连楼道都是临时搭的病床，用人满为患来形容是再恰当不过的了。在这种情况下，蓝院长只能把我的父母安排在由急诊临时改成的病房。

一个民间的私立医院，每年就诊的患者达到两万，我不禁陷入沉思之中。匆忙之余，我会跟来这里就诊的患者和陪同的家属聊上一阵，之后便对这家医院的医术有了初步认识。无论是患者还是家属，对这里的医术和服务、对蓝院长和他的团队的评价是不可小觑的。良好的医术和热情的服务，得到广大患者及家属的高度评价。

在蓝国生院长的带领下，万福骨伤医院不但有骨伤方面医术精湛的专家，还有责任和勇于担当的一流的医护人员。他们经过数十年的临床实践，总结出的一整套治疗方案，适用于现代人不同类型骨骼的损伤，且疗效显著。他们勤于钻研，力求不走弯路、少走弯路，以减轻患者痛苦为己任，最大限度地杜绝医患纠纷和医疗事故的发生。

由此我想起了与本书似乎不相干的几个故事：牛顿的万有引力定律曾启发刻普勒发现行星是沿着椭圆形轨迹绕太阳运行的；门捷列夫有关元素周期表的科学预言，为后来人有目的寻找元素提供了依据。马克思的革命理论，使千千万万人民的革命斗争取得胜利。

客观地说，万福骨伤医院的硬件比不上省、市的三甲医院，但这里的医护人员不但拥有独特的医术，而且医德高尚视患者为亲人，想患者所想，急患者所急。医院的中心任务就是以本土化为宗旨，研究新的骨伤疗法，为传统壮医药注入新的营养。

在医者的芸芸众生中，蓝国生这位"草根骨伤医院"的创始人，不过是一颗小小的微粒，医院始终传承中国传统的慈孝文化，为更多的人创造就业机会，不仅获得了更多的好评，收获了更多的荣誉，也引导全院医护人员朝着新时代迈进。这也是笔者撰写此书的初衷。

蓝国生院长是一位敢于担当、扎根民众的草根医生。他踏踏实实从基层做起，以实实在在的疗效赢得了患者的口碑。他不但临床经验丰富，还有看家的本领和独到的绝活。他是壮医药土医们的楷模。他崇尚医德，几十年如一日，"不会因外界的影响而妄自菲薄，也不会因外界的影响而数典忘祖"。创建上林万福骨伤医院，与时俱进，释放正能量是蓝国生一生的追求。

"善言古者，必有合于今"。从政也好，从医也罢，一切的一切，管理他人，医治他人，第一学问，必须从自己做起。"如此则道不惑而要数极，所谓明也"。总之，这是《黄帝内经》的核心，也是医者治学的要点。

壮族从春秋战国时期的龙母文化开始，到现代重视民间医药人才，两千余年许多知名人士出生于此地或在此留下影响。"只要你怀着真

诚，只要你懂得尊重"。

有人说，传统壮医药像龙母山岳一样伟大。不管怎样，从远古堆垒到21世纪都成了山。传统壮医药无疑是最伟大幽深的龙母山，绵延的历史那么长，它用自己的医术和草药，救助了无数的人，用"庞大""广博"这类词形容是再恰当不过的了。

许多少数民族医药已经消逝，但壮医药历久不衰，陪伴着星球上少数民族最多的壮族跌跌撞撞地存活到今天。就是这种声音，就是这种草药味，从原始瓯骆族"巫"和"巫觋"的山歌中唱出来。

传统壮医药说到底是这个民族的历史情愫和民族情愫。璀璨夺目的中华民族医药，五光十色，像一首首美妙的乐曲，从古老的东方响遍世界。古朴的壮族文化如同一个华丽的音符，伴随着这乐曲的主旋律激扬飞荡，声声不息！

蓝国生的草根骨伤医院，进入新时代后获得了进一步成长。有理由相信，万福骨伤医院在蓝国生院长的带领下，"苟日新，日日新，又日新"。它承载着瓯骆族的骨风，以骨伤"土医"（壮医）治法为主，兼采瓯骆族诸家之长，纠正了以往骨伤疾病治疗中的错误，以确切的疗效称著于世。

壮哉，仁医！"信而好古"是草根骨伤医院对医德的最好诠释。

三、创建万福骨伤医院

人们追求生活完美，涉及的话题首先是健康。万福骨伤医院的创建成功，使壮民的健康有了保障，也是蓝国生对美好生活追求的具体体现。创建骨伤医院可以说是蓝国生一生的梦想。一旦梦想实现，他便给自己提出了更高的要求。作为医院的核心人物，蓝国生深深地懂得，要提高医术，先要塑造人；要塑造人，就先要塑造自己。"造人"比医术更重要。

1955年，蓝国生出生于广西上林县塘红乡万福村。这个地方是龙母之地，地灵人杰。

蓝国生的祖辈就居住在这里。在"龙母文化"的影响下，人们对男孩十分看重。蓝国生是蓝家的小儿子，也是蓝家期望最大的。取名"国生"就是希望他的将来无论从事何种职业，都要有家国情怀。没想到若干年后，也就是2005年，蓝国生草创了上林万福骨伤医院。

蓝国生将骨伤疾病治疗发展到了一个新的高度。经他管理的骨伤医院，秉承"医德仁术合一"理念，在壮乡的龙母之地谱写着一段段现代佳话！

文化乃至医药学是国家和民族的灵魂。一个国家、一个民族、一个文明的兴与衰、强与弱，根本就在于其文化的特质与其医药的传承。

壮乡传统的壮医药汲取着这片土地的营养，覆盖着村村寨寨与家家户户，智慧的蓝氏家族将"草根"与蓝氏家族治疗骨伤的方药代代相传。

采访蓝国生之前，笔者就曾耳闻壮乡祖辈反复讲述且广泛流传的民间"土医"（壮医）的神话故事，采访蓝氏兄弟后，这一传承得到了进一步的印证。

我从壮族民间"土

壮乡的龙母腹地

医"（壮医）总结的成千上万个骨伤医案中认识了壮医的"神农"，知晓了治疗骨伤疾病的套路。同时，惊异地发现了壮族民间"土医"（壮医）的精髓，以及壮族民间医圣的传说。

蓝国生很小的时候就听目不识丁的祖母讲过壮医先贤的事迹。后来蓝家兄弟合力开办了草根诊所，再后来创建了上林万福骨伤医院，在壮医骨科领域，他们规范了"土医"（壮医）骨伤疾病治疗，建立了草药治疗骨伤疾病体系。由于得到民间"乞丐神医"的点拨，加之赶上了新时代，现代医疗设备的补充，使蓝国生更是怀着对求医者的爱心与情怀，凭借多年的临床实践，毫不犹豫地为患者正骨疗伤，为患者量身定做治疗方案，帮助患者解决困难，缓解患者痛苦，直到患者康复出院。他们把壮乡的"草根疗法"演绎到了极致。

蓝国生选择了古今治疗骨伤疾病的精品药物。他知道这些是华夏民族乃至壮族医学宝库中瑰宝，是经过千百年淘洗后熠熠闪光的真金。这些精品药物代代相传，疗效显著。就如同我们的祖先经过代代耕作精心筛选出来的良种，像稻谷、小麦、高粱和玉米那样普通，然而却都是人类须臾不可缺少的最基本的粮食，是人类文明进程的营养基和原动力。

医院的医护人员在为患者提供医疗服务时，始终肩负着一种责任感，秉承着高尚的医德，因为他们为患者痛处注入的是缓解疼痛的"灵丹妙药"。

毫无疑问，蓝国生的草根骨伤医院，传承了一代代壮医医贤的优良品质和优秀医技。如同我们看见农民一次又一次地挑选这些稻谷、小麦、高粱或玉米，用爱心细细地碾磨，营养了一代又一代，人类的健康就是这样繁衍的，历史就是这样延续的，文明就是这样进步的。

溯源上古瓯骆族，透视当代社会，人类医学文明的源头以及发展，尽在瓯骆族"土医"（壮医）的民间无字书之中。"壮族文明可以说是一件百衲衣"。

回顾壮医由经线与纬线相连而成的历史网络，那不是简单的搜集或堆砌，而是从古代壮医的母体文化摇篮孕育而出，抑或"从无边无际的一张网上剪下来的一小块"汇集而成的。

万福骨伤医院的建立赢得了民心，前往医院诊治的患者一年比一年多，几年间患者增加了好几倍。医院除采用草药治疗外，安全无疼痛疗效以外，尤其医院对患者怀有很强的责任感，"医仁"在医院随处所见。蓝国生不仅为患者治病，还为施医舍药。蓝国生医生认为，治好患者是他的最大满足。壮医药技的香火自会大大增加。蓝院长医院合理收费，比起西医看病收费更符合百姓的需求得多。蓝国生的医院对缓解"看病贵、看病难"的矛盾、方便各地患者就医起到了一定的积极意义。

蓝国生"蓬生麻中，不扶自直"的传统民族医药理念，就是要恢复人体自身的平衡，使疾病改邪归正，这是真正高明的医学啊！

在21世纪的今天，在现代医学科技快速发展的当下，为了人类的繁衍和健康，我们有责任创造出比祖先更加辉煌、更加健康的新医学，让传统医学的精髓源远流长，不至在我们手中淤塞或曲折！

有道欲成大医，能舍《易》乎？医知天地人而可长久。蓝国生开创万福骨伤医院以来，始终坚持传承与创新理念，治疗骨伤疾病独特的用药经验和确切疗效告知世人：人类不同的民族从一开始就有一套各自发展的生活方式和价值观，这是为了适应生存环境所导致的必然结果。民族的生活方式和价值观就是这个民族的文化，就是这个民族的特性所在。

然而，纵观壮族历史，壮族的本民族医药则更多地受到官府的歧

视，登不了大雅之堂，只能以自己独特的技法和疗效在壮族地区民间流传。《柳城县志》载："病者服药，不尽限于仲景叔和，间有用一二味草药奇验者。其他针灸之术，以妇人尤为擅长。"相当长的一个时期，当地壮族百姓一旦患病，就会求助于土生土长且确有效验的民族医生，或自防自治或群防群治。这就是壮医药长期赖以存在的基础、环境和条件。这种基础、环境和条件也决定了壮医药在历史上的存在形式，即大多以口耳相传的方式主要通过民间而延续，因此壮医药具有广泛的群众性。

可以说，壮族后裔承上启下的都是史有明文、不必讳言的事实。壮医药的传承是壮医药发展的源泉。没有传承，就没有发展。目前相当的壮医诊疗、技法、验方等因缺少文字记载，以及系统挖掘和整理，已湮灭在历史的长河中，今人不得而知。今天尚能掌握原生态"土医"（壮医）骨伤疗法的人可谓寥若晨星。例如，用于治疗风湿病的麝香针疗法已濒临失传。

蓝国生和他的团队，不但传承和保护了民族壮医药，而且解决了壮族地区百姓"看病难、看病贵"的问题。"看病难、看病贵"是政府关心、百姓关注的热点问题，在经济欠发达、交通较落后的民族地区这个问题尤为突出。广西地处经济欠发达的西部，人均卫生资源远低于全国平均水平。壮族聚居地又大多是广西的老少边穷地区，患者难以承受高昂的医药费用。简便的壮医诊疗技术，如壮医药线点灸、壮医药物竹罐拔罐、壮医针挑疗法等是百姓日常防病治病的首选。因此，做好壮医的技术传承，使壮医技术更好地为百姓服务，是解决壮族地区群众防病治病问题的需要。

万福骨伤医院采用"土医"（壮医）骨伤医技，正是壮医母体中分娩出的一个强劲跳动的胎儿，却强健了现代人的骨骼。

世纪的风云，人类的希望，以及所有的光荣与梦想全都孕育在心舟之中，同时又全都寄托在 21 世纪的医者乃至蓝国生草根骨伤医院的身上。吸收了传统壮医和中医奶汁长大的蓝国生院长，他草创的万福骨伤医院除了继承传统的壮医接骨术外，还兼有一些传统的草药方，用于治疗常见内科疾病。为了方便百姓就医，医院除骨伤科外，还设有内科、口腔等科，治疗感冒、胃溃疡等疾病。蓝国生对患者的这种人文关怀，在壮乡上林被传为佳话。

尽管随着中医和西医在壮族地区的广泛开展，壮医受到了一定程度的冲击，但在文化多元化的现代社会，壮医文化必然会发扬光大，不会被湮灭在历史的尘埃之中。做好壮医传承，不仅是传承民族优秀文化的需要，也是构建社会主义和谐社会、增进民族团结的需要。只有根据民族医药发展的新形势和新问题，提高对壮医药传承的认识，做好壮医药技术传承规划，才能使壮医药在传承中得以提高，在提高中得到传承。

传统壮医学是我们所知道的最古朴且"神秘"的庞大而广博的医术，是壮族世世代代无意识创造出来的无名氏作品，它就像龙母山岳一样，长久而伟大。

传统壮医是壮族的一块瑰宝，其中草药是基础。

蓝国生的骨伤医院建立和完善了一套壮医技术传承机制，制定了壮医药传承技术评估体系、传承导师遴选条件和继承人配备管理办法，完善了壮医药技术传承工作考核指标，不断加大对壮医药传承工作的经费投入，在课题立项、成果申报与评奖、职称申报等方面，对壮医药技术传承人员实行适度倾斜，促进了壮医技术传承工作的深入开展。

在祖国南方瓯骆之地，有这么一群"壮医精英"开垦着传统壮医"土医"（壮医）骨伤治疗的新土地。红土地上年轻的草根骨伤医院背

后是久远的传统壮医母体孵化出的骨伤医学。保持年轻态，勇于接纳新事物，治疗上力求成为"草药治疗"专家是医院追求的目标。

蓝国生研发治疗骨伤的"草药包"治疗的机理是，将"草药包"置于骨折部位的动脉处、静脉或微循环处，如上肢前臂至手指的连接部位，以提高"草药包"的吸收能力，最大限度地发挥药效。伤及腰、腹部者，将"草药包"放在血管连接处，以疏通气血，保证血液循环畅通。

"草药包"的功能就是刺激受伤细胞不断生成新的细胞。临床证实，将"草药包"敷于骨伤部位，药效就如同电疗仪，高压会慢慢透入体内。其综合多效的电势能负离子不亚于交流电，能够起到激活细胞 $0.1 \sim 0.2$ 毫安电流的作用。

"草药包"由多种草药配伍而成，往往含有十二经脉的药物，将其敷在局部损伤部位的经穴、靶点，能够表现出明显的药效，这种"药穴效应"，能够加快受伤部位的新细胞生成，从而达到愈合的目的。通常"草药包"需在患处敷五六个小时，以增强渗透力，起到更好的活血、止痛效果。

临床证实，"草药包"的功效与中药内服相比，能扩大 $8 \sim 15$ 倍。药包中的很多成分比普通制剂要高出 $300 \sim 500$ 倍。如纳米级麦饭石也是壮药的食疗药，含有钙、铁、钠等诸多成分。"草药包"的经穴传导速度相当快，能快速激活机体细胞。

"草药包"凭借自身特有的天然药材，能够刺激人体内的正能量，使其连续发挥作用，不断促进体内的微血管循环，提高身体的自愈能力。"草药包"的应用，既是壮医治病的一种方法，也是华夏民族数千年传承下来的一种防病之法。"草药包"从外治疗，从内激活，刺激正常生理，控制紊乱病理，遵循壮/中草药的归经理论，君臣佐使理论，发挥其两面性、重叠性，多靶点、多途径、多功能，突出壮医乃至中医性味归经功能和标本兼治优势，哪里不舒服用上"草药包"就能药到病除。

"草药包"是壮药与中药的完美结合，其纳千年汉方，荟萃医家经典和百草精华，走前沿医药之路。

"草药包"的发明与蓝氏"土医"（壮医）有关。土长土生的蓝国生，他家几代人均素谙筋、经、脉络与草药配制，特别擅长使用壮药。"草药包"是蓝家几代人经过数十年的实践开发出来的成果，是蓝国生祖辈留下的外治骨伤疾病的药方。蓝国生和他的母亲在祖传药方的基础上加以改良，结合壮医和中医理论，采用纯壮药和中药，将"公母"药进行配伍，广泛用于临床实践。

"草药包"能够解除骨折导致的血瘀，不断提升人体正气，恢复人的自愈系统和新陈代谢功能，促进人体正能量的健康循环，达到修复损伤细胞、解除骨伤疼痛、最终痊愈的目的。由于"草药包"有很好的疏通经脉气血、调节脏腑功能、平衡阴阳的作用，故效果良好。"草药包"能够有效防止骨伤病变的发生，具有操作简便、价格低廉、安全有效的特点，深受患者的欢迎。

如今壮医药的崛起与发展举世瞩目，这是华夏民族医药发展史上的又一个里程碑。民族医药的"大一统"和"全国一盘棋"是民族医药发展的"灵魂"。如果丢失了这一"灵魂"，民族医药就难以向前发展。传承两千多年的华夏民族医药在过去 100 年间经历了天翻地覆的改革，在现代化的道路上依然是"摸着石头过河"。但在过去 30 多年所取得的成就证实，蓝国生和他的团队已经积累了自己的经验，疗效、医德、诚信是上林万福骨伤医院的特色，绿色疗法乃是立院根本。广西上林万福骨伤医院的"土医"（壮医）骨伤治疗体系，不过是传统壮

族母体文化孕育出来的一个孩童，将伴随壮族"龙母"文化不断演进和传承。

万福骨伤医院不但拥有得天独厚的壮药，而且有瓯骆医药先贤和蓝氏祖先传承了两千多年的接骨技法，这使骨伤疾病的治疗如虎添翼。蓝国生清醒地认识到，即便有本民族的文字，也有由此文字记载的丰富的文献资料，但很多资料粗糙，没有现成的理论。蓝国生对骨伤领域做出的贡献，就是将传统壮医骨伤治疗理论与实践结合，并加以创新，把将要失传的传统骨伤技艺一代代地传承下去。

万福骨伤医院在蓝国生的带领下，在全体医务人员的共同努力下，与时间赛跑，忘我工作，在壮乡民族医药事业的道路上不断谱写新的篇章。

一个民族的文化无论多优秀，某些地方也会存在不足，而这有可能是其他民族的长处。拒绝吸收其他民族的长处，这个民族的发展就没有前途，甚至有可能被消灭。这在历史上是不少见的。一个民族的文化封闭是相对的，开放才是绝对的。中华民族及其文化经过不断演进，最终形成了各族文化相互渗透、相互融合的多民族文化。《黄帝内经》的问世不是某个民族义化的结果，而是多民族共同创造的结晶。在漫长的历史进程中，各民族文化相互交融，共同创造出中华民族的灿烂文化。

越是古老的东西，就越质朴，不一定有更多的理论，但丰富的医药知识正有待各民族后代花大力气去继承、挖掘、整理和提高，概括出有规律的理论。只要朝这个方向努力，一个更加繁荣的民族医药时代很快就会到来。

蓝国生能够成为草根壮医骨伤"第一人"，取决于他的"坚持"和从小养成的吃苦耐劳性格。蓝国生选择了这条行医之路后，就已注定要放弃很多"凡俗"的东西。他考虑的不是个人的得与失，而是如何孜孜不倦、勤勤恳恳、任劳任怨地为患者服务。他的这种精神值得我们学习和发扬光大。那些内心浮躁、急于求成、心存侥幸思想的人值得反思。

蓝国生常常白天看病，晚上整理医案。他把白天治疗的每一个病例进行研究，从历代医籍中寻找根据，发掘壮医骨科的精髓，常常是深夜方睡，鸡鸣即起。他是壮医骨伤技术的传承与创新者之一，历经数十载的临床实践，他建立了新的壮医骨伤治疗体系，堪称"自成一家"的壮医骨伤体系。

蓝国生研究骨伤技艺数十年如一日，他已习惯在草药堆中生活，他能通过药物的气味为患者选择适合的治疗方法。蓝国生的最大梦想是把大自然的物象纳入囊中，凡欲植物花草，"皆须像其一物，若鸟之形，若虫食禾，若山若树，纵横有托，运用合度，方可谓书"。所有的植物花草都是蓝国生的研究对象，从中折射出他的人生观念，折射出他对生活的态度和对患者的爱。他把草药治病与患者生命合而为一，把生命对自然的渴求转化成治疗患者的动力。其精神难能可贵。

凡到万福骨伤医院接受救治的患者，经过蓝国生的诊治，几乎都奇迹般地治愈。蓝国生常说："开医院不是为了赚钱。"这道出了一个地道"土医"（壮医）继承人与拓新者的心声。这是可敬可叹的壮医母体文化与精神传承使然。由此来这里救治的患者与日递增，就是因为百姓和患者对这家医院怀有一种深厚的感情。

蓝国生的医院治疗骨伤疾病采用四合一法，即"洗、草、穴、补"。该疗法与壮医母体文化有着天然的联系，作为完整的骨伤治疗体系已传承了数千年，临床疗效早已妇孺皆知。

壮医鲜明的特色与中医相呼应，作为华夏民族的一种传统医学始

终光耀百世。人们在不经意间只要轻轻触摸，温和的壮药味便会扑面而来。

上林县大明山古城遗址从18世纪开始挖掘，一代代挖下来，到现在已挖掘大半。来自区内外乃至境外的患者络绎不绝，他们的心情是愉悦的，因为他们在享受壮族的骨伤技艺。

蓝国生的骨伤医院古为今用，针对不同年龄的患者，根据骨折部位的痛点准确下药，最终患者"无痛"康复治愈。

"土医"（壮医）最厉害的是一双手。在患者身上，经巧手一摸或一捏，疼痛便会慢慢得到缓解。这样的接骨术无疑是对宗族——瓯骆族医者的传承。

虽然壮族文化和"土医"（壮医）始终没有问鼎中原的机会，但也因此使壮族本土文化和"土医"（壮医）得到了很好的保护。蓝国生作为澄州（古称上林）的一介布衣，"土医生"有着如此的医学天赋接骨技术，壮族文化的渗透程度不可低估。

弱水三千，只取一瓢。自古澄州就是草药王国，汇集着壮族文化的龙母基因。今天的广西上林有许多超乎想象的地方，使你觉得它就像一个你似熟而生的女人。走在上林的大街上，你会看到许多传统壮文化的影子。上林县塘红乡的万福村有着土服、操土语和不同生活习俗的少数民族。在上林你能看到山歌对唱和歌圩表演，会感到置身上林与自然、与原生态是

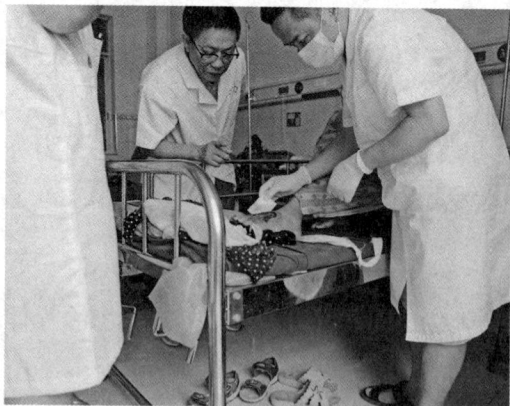

患者采用草药治疗

那么接近。

上林是"龙母文化"的汇集地。在旧石器时代，上林属象郡所辖，在这一带活动的部落自称澄州。随着时代的进步和人们生活水平的提高，上林的一些习俗被逐渐打破。特别是今天，随处可见四通八达的铁路和公路。一个崭新的上林正以前所未有的面貌向世界大踏步走来！

生活在这块古老土地的人们创造着悠久而丰富的文化。龙母精神在不断发扬光大。穿行在红土地上，徜徉在乡村寨楼间，浓厚的文化气息扑面而来！

蓝国生的万福骨伤医院是患者治疗的驿站，这里的医生是大自然的助手。他们采撷大自然中的草药治病，在患者眼里他们是最神奇的大夫。在这里，你能体验到最古老的瓯骆族的接骨医术。

蓝国生与许多民间医生不一样，他虽然没有专门学习壮医文化，但却在实践壮医文化，践行壮医学术。这是一件非常难做的事，但他却做得如此出色。

今天，人们的寿命在延长，但很多产业的生长期却大大缩短，各行各业的交融要求知识的多元。要想在其中掌握主动权，免于淘汰，除了具备终身学习的能力，还要善于利用其他领域的知识，培养理性思维，打下坚实的学科基础。

蓝国生创办万福骨伤医院的初衷就是为了人类健康。万福骨伤医院的"命穴"即崇尚"仁医"。蓝国生倡导的"草药扶贫"，在这片广袤的红土地上生根、开花、结果，伟大的母爱永远是蓝国生医学道路上的指路明灯！

第三章　母亲寸草心

一、母亲心力

生我者父母，养我者天地，授我以医学，培育我成长为一名真正的医者就是我的母亲。很多人都认为，母亲是世界上最伟大的力量，天下最伟大的人莫过于母亲。我很认同这个观点。我在采访蓝国生时，对此深有体会。

上林万福骨伤医院的建立，缘于蓝氏家族的草药功效着实，或

壮族母亲

者说是"几包草药"走天下，这就是"土医"（壮医）的特点与高明之处。

原始的壮医没有任何仪器设备，蓝母和一些壮族民间医生就是在三尺蓬屋里给人看病，凭的就是一些草药和"土医"（壮医）土法。如针灸、刮痧、拔火罐之类，而更多的"土医"连这些都不用，用的仅仅是廉价的壮草药。蓝国生告诉我他的母亲蓝佩全是用本地生长的草药治疗疾病的。

蓝国生的母就是这样的一位"土医"（壮医），虽然没有任何仪器设施，但看过的疾病却不少。正骨不开刀、不分科，无论男女老幼，什么病都治。

蓝国生小时候经常看到刚出生几天的婴儿就抱来让母亲看病，孩子或抽搐或发烧，母亲拿一根细细的银针，扎扎手，扎扎脚，扎扎肚子，或往口中抹点药、头上敷点药，孩子就奇迹般地好了。

蓝母给婴儿看病不摸脉，只看手，看手指上的血管和手掌上的纹路等。蓝母治的都是些常见病、多发病，都是手到病除。

蓝氏家族精湛的"土医"（壮医）医术，方便了上林周边七里八乡的患者，上门求医者络绎不绝。蓝家不足30平方米的"草室"，每天挤满了求医者。

传统壮医看病不是割"病""杀"毒，而是引病导毒，以病治病，以毒攻毒，生克制化，扶弱抑强，排毒补虚，固本强根，似有所谓"蓬生麻中，不扶自直"之意。患者一旦恢复了机体平衡，疾病就会在整体力量的控制下改邪归正，这便是"土医"（壮医）真正的高明之处。

蓝国生的母亲蓝佩全用"土医"（壮医）为患者治病，除了医术，更重要的是"医德"。蓝氏家族的这种医风，影响了小儿子蓝国生的一

生，使他在医学道路上迈出了坚实的步伐，以至于在骨伤领域有较高的造诣，并创建草根医院。

曾有位哲人这样说：一个人是伟大还是渺小，是高尚还是卑鄙，拿什么做衡量的标准？就是看他（她）是否有品格，讲道德，重节操。一位外国文学家说：一个人伟大并不在于富裕和门第，而在于可贵的行为和高尚的品性。蓝母在上林地区不过是一个平凡的劳动妇女，但她却做出了不平凡的事，她的不平凡在上林地区广泛传播。

壮族是一个注重民俗的民族，自古以来，似乎壮族的母亲们比其他民族的母亲更坚强些。

蓝佩全的丈夫叫周启文，蓝国生随母姓。这也是壮族传统文化的一种体现。自古上林地区就是传统壮族文化积淀很深的地方。壮族的婚姻制度也别具一格。

蓝佩全是土生土长的"土著"后裔（壮族），她遵守壮族的婚姻习俗，招女婿上门。严格地说，北壮和南壮的婚姻习俗还是有些不同的。古代的壮族有"不落夫家"的习俗，至今生育子女前"不落夫家"的习俗仍在一些地区延续。

壮族妇女的性格普遍"剽悍"，比男性更能干。这是母权社会向父权社会过渡而遗留下来的一种风俗。在壮族的习俗里，已婚女子在"不落夫家"期间，仍被看成是未婚，仍有权力与青年男子对唱山歌和进行其他交往。

壮族还有"招赘"的习俗。"招赘"前通常媒人要到男家说媒，"招赘"后男方改姓女方姓。丈夫死了妻子可以改嫁也可以转房，但转房仅限于兄死弟无妻，嫂转为弟妻。壮族婚姻的基本形态是一夫一妻制。据史料记载，壮族人普遍早婚（黄现璠等《壮族通史》）。

还有一种情况，如果女方家庭条件良好，或女方品貌极佳，而家里又没有男孩或仅有一个男孩时，通常女方家都要招上门女婿为儿子。蓝氏家族在上林地区可谓大户人家。

在壮族农村，一个明显的特点就是一个姓氏的人聚族而居。这样宗族结构比较完整，且宗族力量比较强大，往往一个村庄就是一个宗族或一个姓氏。这种村庄与宗族同构的形式，形成了团结型的村庄结构。

蓝氏宗族在当时属于大的宗族，所以蓝国生的父亲周启文便到蓝家做了上门女婿。这也合情合理，符合壮族的传统习俗。

蓝佩全家庭生活条件殷实，且才貌双全。蓝佩全从小就接受壮族传统的家庭教育，婚后不仅孝顺父母、公婆，相夫教子尽心尽职，而且待人和善宽厚，富有同情心，时常把自己不多的零用钱送给急需的人。蓝佩全说话和气，即使是招上门的夫君，她也会对周家的长辈和兄弟姊妹等以礼相待。蓝佩全乐观、开朗，但性格中仍能透出她刚强的一面。蓝佩全是个思想开明、参透世事人心、容易接受新事物的人，在丈夫遭受蒙冤的年代仍然执着地坚守着。

蓝国生的父亲喜欢读书。"书犹药也，善读之可以医愚"。"文章千古事，得失寸心知"。二十出头的周启文便位列广西宾阳高中榜首，是当地有名的秀才，可谓"腹有诗书气自华"。后来他投笔从戎，走南闯北，因为精明干练，曾在国民党的队伍中任排长。

周启文就读的广西宾阳中学是一所清朝末年创办的学校。在中国废科举、兴学堂之时，为了顺应潮流，广西提学使通令各地兴办中学堂。宾阳、上林、迁江（今来宾）三县的绅士商定，在人杰地灵的宾州大地合办一所中学堂。经勘定，校址选在思恩府考试院（今宾阳职校），名为思恩府中学堂。宣统元年（1909 年）该学堂开学。1934 年秋，奉省令，县立中学、简易师范并入宾阳中学（当时校名为广西省

立第十二初级中学）。1949 年 12 月，宾阳县人民政府和中共宾阳县委相继成立，县人民政府接管了宾阳中学。1952 年 7 月，宾阳专署撤销，搬往南宁，改建南宁专署。宾阳专署的房舍拨给宾阳中学，宾阳中学从此搬至现址。在宾阳中学就读的学生几乎都可称为"才子"。据统计，1956 年全国实行统一高考，该校考上大学者 205 人，占 89%，成绩名列全广西第四。1959 年 7 月，宾阳中学被自治区人民政府定为自治区重点中学。

周启文在当时可称得上才貌双全。49 岁那年，他回到家乡，任乡派出所所长。但好景不长，因为他曾在国民党军队服过役，不久便被免职。无奈、孤独和恐惧一下子打倒了他，周启文病入膏肓。生于斯，长于斯，魂归邕江，次年逝于广西南宁医院。

蓝母听闻丈夫病逝的消息后悲痛万分，丈夫死得太冤了！但她很快控制了自己的感情，承受着心理和精神的双重痛苦。这位外柔内刚的壮族母亲，以她顽强的性格和坚韧不拔的精神支撑着这个家，用她的活力感染着周围的人。

蓝氏家族的家风伴随着"土医"（壮医）的成长。蓝母身上的博爱和坚韧潜移默化地感染着蓝国生，影响着蓝国生行为观、价值观的形成。正所谓"有其母必有其子"。

若干年后蓝佩全辅助蓝国生开了个"草根诊所"，使蓝国生在骨科领域独成一家，真可谓"天地形胜，城以盛民，而文明兴焉也"。蓝佩全的记忆力极强，只要她见过的草药，看一次就能记住。

年轻时蓝佩全与丈夫相互扶持，患难时两人相濡以沫。她的故事在村里村外甚至整个乡县广为传颂。在那个年代，他们的婚姻显得格外朴实，其中又平添了几分童话色彩。

丈夫去世时儿女们还没有成家立业，是蓝佩全这位母亲，扛起了一个大家庭的生活重任。她除了要把家里的事情弄得明明白白，一日三餐照料三个未成年的孩子，还种了一亩多的地瓜和花生，但她从没有半句怨言。

蓝佩全没有念过什么书，但她识大体，顾大局，更有常人难有的坚韧和毅力。她性格刚强，即使在家族破落、生活贫困的状况下，仍一心要把三个儿子培养成才。当小儿子蓝国生提出求学时，她顶住各方面的非议，卖掉首饰，送蓝国生去乡里学校读书。因为"文革"，蓝国生不得不辍学在家。蓝母正好利用这一时机，教儿子识草辨药。

蓝佩全慈祥、乐观、开明和坚强，是一位伟大的女性。这影响着蓝国生兄弟三人。在蓝国生身上，我们不难找到母亲蓝佩全的性格特征。在母亲的培养和影响下，蓝国生的大哥、二哥在当地也都是有名"土医"（壮医）。

蓝氏骨科医术之所以在壮族地区如此出名，蓝佩全可谓功不可没。蓝佩全并不懂得什么思想教育，但却是个明理者。蓝佩全年轻时，美丽端庄，仁慈质朴，这也是让周启文死心塌地做蓝家上门女婿的原因之一。

丈夫过世后，蓝佩全成了全家的主心骨，要把持好一大家子不是件容易的事，要处处小心谨慎，她宁愿自己受委屈，也不愿家庭不和睦。

在这样一个大家族里生活免不了是是非非，但蓝佩全总是装作看不见，忍辱负重，从不说一句伤人的话。她是一个讲原则的人，尽管常常逆来顺受，但从不受人格屈辱。全家族的人都敬重她，佩服她。她的良好品格深深地影响了蓝国生，促成了蓝国生性格、秉性的养成。

蓝国生童年的乡村生活对他的一生产生了深刻、无以替代的影响。蓝佩全既是慈母兼严父，又是恩师兼严师，她从不溺爱儿子。这种既

严厉又保护其自尊心教育方式，使蓝国生从小就懂得正经做人，爱惜名誉，这为他日后不断上进奠定了基础。

蓝母的过人之处在于她要求儿子做人要本分，读书要认真，且必求甚解。在蓝家家境窘迫的情况下，蓝母渴望儿子能多读一些书。她虽不识几个字，但对懂知识的人十分敬重。家里生活困难、孩子多，但只要是对孩子有益的图书或文具，她都会满足孩子的要求。蓝母是个勤劳的人，她讨厌懒惰的孩子，孩子因看书耽误了干活，蓝母从来不批评。

笔者采访蓝院长时他说"父母的感情融洽"。父亲是当地有名的秀才，不但自己读书，还善于引导孩子们读书。只要有时间，他就会指导孩子读书、写字。

蓝母指导孩子的目的很明确，就是让蓝国生认识一味草药，懂得它的功能；每个配方知道治什么病。这种教学方法，为蓝国生的"土医"（壮医）打下了牢牢的基础，为他日后的医学领域成就铺平了道路。

蓝母接受新知识、新观念特别快，当蓝国生跟母亲商量开门诊时，她马上就同意了，还把多年省吃俭用兼做"土医"手艺的钱交给了蓝国生，使蓝国生实现了他的最大愿望，有了一个自家的门诊。

蓝母还是一个"冒险家"。当年母亲为了掩护中共地下党，蓝家成了联络站。蓝母待人仁慈温和，从来不说一句伤人感情的话，这对蓝国生影响很大。

蓝国生14岁时母亲就教他学习必需的生存本领，使他在这广袤的壮草药世界独自摔打了二十多年。蓝国生说："如果我学得了一点点壮医技术乃至为人处世与待人接物的态度，我能宽恕人、体谅人，都得感谢我的慈母。"

自古以来，在壮族人眼里，母亲往往比父亲的能量更大。有人说，母亲像一首诗，我认为母亲更像一个转动的"陀螺"，为儿女任劳任怨地付出！

蓝母从年轻到老不知经历了几多苦楚和艰辛，若能用文字表述一定是让母亲们极感兴趣的话题，亦是壮族近代乡村"母亲"变迁的史料。

20世纪60年代初，上林县万福村还是个山谷平地，也就是蓝氏家族壮医骨伤门诊的原址。简陋的房子堆满了草药，每天除了满屋求诊的患者，屋外还有劲厉的山风。蓝母每天都要把诊室打扫得一尘不染。

蓝母手脚麻利，加上蓝国生做助手疗效果然不错，疼痛的患者敷上药后就安静了。虽然蓝母不识几个字，但几十年上山采药她也掌握了不少土药名称，成为当地"土医"（壮医）中拔尖的"大夫"。

蓝母眼界开阔，心胸宽广，能接受各种新知识和新生事物。更难能可贵的是，她深谙人情世故，淑慧贤良，能体谅人，是这个地区"土医"（壮医）骨伤科的主心骨。她没夜没日地守护观察患者，为了减轻患者的就诊费用，她自己上山采药，良好的口碑传遍了周边地区。这间简陋的门诊，也成了患者的精神家园。

蓝国生接受采访时说："人的记忆真是奇特，好几十年过去了，但门诊这间屋里的一切细枝末节竟都还贮积在脑海的最深处，一见面就全能翻腾出来，连每一缕木纹、每一块污斑都能严丝合缝地对上。"他痴痴地环视四周，又伸出双手沿墙壁抚摩过去，就像抚摩自己的肌体和灵魂。

蓝母在古稀之年依然没有闲着。除了耕作那几亩地，还在家门口种了不少菜，又养了几十只鸡鸭，不仅可以给孩子们补补身子，还可以补贴家用。

那个年代，壮族乡间没有电灯，四周安静得怪异。若有患者前来

求治，只能点大盏的煤油灯。蓝氏壮医的传承不过是壮医药的一个缩影。壮医药学的根源可追溯到壮族的"稻作文化"。"稻作文化"作为一种文化的象征，总与壮族的伟大人物龙母紧密相连。

让我们回到蓝国生的草根骨伤诊所遗址看看，这是蓝国生的医道之初和他承载的壮医药之初。由破旧竹筐、木船装的壮医草药，对患者而言就是一种福音，在壮族的红土地已成为救治患者的法宝。

蓝母教会了蓝国生如何学习和生活，她像中国千千万万平凡的母亲一样，虽然没有系统学习过《教育学》《心理学》和教学法，甚至连教材上的字都认不全，但这不妨碍让母亲成为"教育家"。当她教会了我们什么是梦想和志远、什么是学习和生活、什么是人生和世界、什么是坚强和不屈、什么是诚实和耻辱、什么是怜悯和同情、什么是宽容和理解、什么是大爱和亲情的时候，我们还有什么理由不成功呢！

父母的教育是家庭教育中不可或缺和至关重要的一环。有人说，母亲是天生的和永远的教育家。

蓝母，一位壮族朴实的母亲，抚平了家族的种种不幸。她走过了人生的风风雨雨，把那崎岖和坎坷的昨天精心地炼出来"土医"（壮医）治病草药包，挽救了无数个垂危的生命。有哲人说，勤劳和智慧磨炼出她更加自信和坚强的性格。因此，壮乡的村庄、寨楼从此不再有"看病难、看病贵"的情况发生。

蓝母的爱是一种大爱，蓝母的善是一种大善，大善稀声，大爱无言。蓝母的生命价值源于患者，在博爱与壮医药的坚守与传承中得以升华，在朴实、勤劳的拼搏中得以超越，在奉献中显出高贵。她的生命价值源于自己的坚守、拼搏和奉献，只有不断坚守、拼搏与奉献，生命价值才能够绽放出最耀眼的光芒。

古人云："上善若水，水善利万物而不争。"将蓝母的秉性比作

"水"性，再恰当不过了。

这是从蓝国生那听到的一个十分善意且走心的故事。蓝国生说她母亲常常语重心长地告诉孩子："若有人把唾沫吐在你的头上，不要和别人争闹，回家把它洗掉就好了。"这是一个"大字不识几个"村妇对生命的感悟，没有优美的文字却清新，可谓精粹体己之话，是以特殊的"母爱"形式给儿子们正能量。

有哲人说，自然、人文环境与地域对文化心理结构的影响是明显的，长期生活在一定的自然和人文环境中就会形成一定的文化心理结构。诸如上古壮族地区的广西上林——"龙母文化"。

龙母堪称瓯骆族的"娅王"（母王）。壮族女性在壮族历史上一直扮演着双重身份：一个是母亲，一个是统摄江山社稷的女王。瓯骆族龙母执政之年，在壮族地区实行"仁政"，影响深远。这让我想起了伟大的壮族母亲——瓦氏夫人，一位明朝抗倭的巾帼英雄。她不顾自己58岁的高龄，仍亲率广西六千俍兵驰骋千里，奔赴抗倭一线，以"誓不与贼俱生"的气概，纵马冲锋陷阵，连歼敌兵，打破了"倭寇不可战胜"的传奇神话，为保国安民立下了赫赫战功，被明嘉靖皇帝封为二品夫人。她在中华民族抗击外敌入侵的历史上留下了不灭的威名，被称为壮族"巾帼英雄第一人"。

中国传统文化讲求母德、母教，天下、国家、社会的基本单位便是"家"。所谓"齐家"的"齐"，有持家的"持"之义，也有治国的"治"之义，即维持和治理之义。"母教"是天下最伟大的教育，大至国家、民族，小至一个家庭，没有贤妻良母的教育作为基础，一切都免谈！历史上有名的"文景之治"，汉文帝刘恒就得益于母亲的教诲。

龙母的故事体现出古代壮族母系氏族的哲学观。"龙母文化"如《易经·序卦》所言，"依然是千古常新"。

壮族文化和医药文明的延续和发展，如同一场规模宏大且旷日持久的接力赛。前一代人通过劳动和生产获得了维持生存和发展的经验，他们不断总结，不断积累，不断提高，最终形成了知识和技能，并传给后人。后辈在学习前人经验的基础上进行丰富和提高，以适应时代与环境的变化。如此代代传递，就如同一次次接过壮族传统文化和医药学的接力棒。

蓝氏家族的"土医"技艺传承何尝不是如此！蓝佩全继承了祖上留下的"土医"技艺和医风，不惜耗尽毕生精力将其传承下去。她笃信自己做这件事是积德向善的。

有人会问，是什么力量让壮族这位平凡得不能再平凡的农村妇女有如此境界？是什么驱使的她呢？她的所作所为是最好的诠释——"以德服人者王，以力假仁者霸"。

"龙母文化"是壮族崇尚的标志。无论朝代怎样更替，变换什么身份，它的文明穿过千年沧桑，始终在人们心里，让人们敬仰、敬畏，至今不衰。

"观今宜鉴古，无古不成今"。老子说："上善若水。水善利万物而不争，处众人之所恶，故几于道。居善地，心善渊，与善仁，言善信，政善治，事善能，动善时。夫惟不争，故无忧。"万物从水而来，自然皆具水性。水是天道最直接的载体，水性自然切合天道。水的一切行为都完全符合自然规律。水德近于道，它柔和得可以始终从高处往低处流，可以随着各种器物的形状改变自己的形状，可以变成甘露润万物而无声；它刚强得可以滴水穿石，无坚不摧，无孔不入；它强大得可以推动巨石，掀翻巨轮。

蓝佩全乃壮族妇女的榜样，她把蓝氏的家族良好的家风把持得甚佳。壮族传统文化中有一不成文的习俗，遇到需要帮助的人，"能帮的就必须全心全意去帮"。它与和平、兴邦一样，体现出贫富平等，扶贫救弱，解囊相助，它是壮族人的本质所在。

龙母精神，在蓝国生幼小时可谓耳濡目染。蓝母的爱使蓝国生从"草药"中找到了乐趣，以至到了痴迷的程度，最终促成了他的一番事业。蓝国生在母亲"壮医技术"的驱使下一干就是 60 年，终于实现了蓝氏家族和蓝母的夙愿——创立壮族地区独一无二的"草根骨伤医院"。医院的创建，蓝母这位壮族母亲，功不可没。蓝国生成功的背后，除了付出的艰辛，离不开他坚韧不拔的努力，而在无数困难面前，给他勇气和毅力支撑的就是这位壮族伟大的母亲！

蓝佩全经历了近两个世纪，书写着百年传奇，于 102 岁驾鹤西去。她的爱将永远伴随他的孩子们，在开创壮医事业的新征程上不断开拓。

"生于斯，歌哭于斯"的蓝国生，白天药袋如影随形，用诸生与我共成痴形容再恰当不过了。然而世间最让人消受不起的就是对爱的向往。"医卷多情似故人，晨昏忧乐每相亲"。1975 年，蓝国生遇见了他生命中的另一半樊宗秀姑娘。双双坠入爱河，喜结良缘。从此相濡以沫，相伴终老。

二、相濡以沫

蓝国生与朴实的壮乡女子联姻，在壮族上林万福村成为一段美好的佳话。

樊宗秀一个端庄且美貌的壮乡女子，与"土医"（壮医）世家的壮族后生蓝国生结为伉俪。蓝国生承袭了"土医"（壮医）的骨伤医技，他一路走来都离不来樊宗秀的帮助和支持。

草根土医蓝国生，他的命运还算幸运，年少时有母亲蓝佩全的悉

心呵护；结婚成家后又有妻子樊宗秀做贤内助。这也许就是他走向成功的坚实基石吧！

不久前我读到微软创始人比尔·盖茨接受记者采访时的一篇报道，记者问他："你一生最聪明的决定是创建微软还是大举慈善？"比尔·盖茨问答说："都不是。是找到合适的人结婚。"巴菲特也曾经说过，人生最重要决定就是和什么人结婚，而不是任何投资。

所有在这个世界取得成就的人，对待另一半的选择绝不是颜值是否足够吸引，而是女子的智慧能否足够陪他们走下去。由此看来，一个成功男人的背后一定有一个优秀的妻子在默默地为他付出。

有人说，这个世界很势利，对女人们尤其薄情，就连婚姻也不例外。但婚姻的本质就是以共赢为目标的合伙人关系。越是精英，越强调势均力敌，互利共赢；越是内秀，长久的婚姻价值就越高。

爱情有它势利的一面，也有它普世真理的一面，那就是"有眼光的好男人都渴望找一个长久踏实的贤内助，而不是一个漂亮的花瓶"。所谓妻贤夫祸少，夫妻合力，其利断金说的就是这个道理。

樊宗秀是一个外形貌美又十分勤劳朴实的壮族妇女。善心满满的她，虽然大字不识几个，却一直在支持丈夫蓝国生的事业。樊宗秀是典型的壮族传统女性，性格温婉，吃苦耐劳。嫁给蓝国生后，便担起操持家务的全部责任，还是丈夫事业的有力助手。樊宗秀善解人意，任劳任怨，在丈夫创业的艰苦岁月里，为丈夫东奔西跑。夫妻二人白天除了治疗一些上门求医者外，一年到头不是种田，就是打围、烧炭，没有半刻空闲。他们养育了三个孩子，大儿子蓝定宇，大女儿蓝彩芹，二女儿蓝彩虹。尽管生活不是很殷实，但家庭却十分和谐。经过多年的辛勤劳作，他们有了一些积累，于是在村里开了一家专治骨伤疾病的诊所。

一有空闲，夫妻俩就围绕同一个问题"草药"发表意见，真可谓一对"草药痴迷"夫妻。每当患者上门求医，他们除草药包外，还用手指点穴，以替代止痛针，使患者的疼痛很快得到缓解。他们夫妇成了当地远近闻名的土族医生。

在缺医少药的年代，在壮族地区，他们夫妇履行人道主义职责，一次次将患者从痛苦中解救出来，温暖了患者的心。从他们不离不弃的爱情中，从他们执子之手、与子偕老的婚姻里，我们读懂了什么是相濡以沫，诠释了"陪伴是最长情的告白"。从对"草药"的痴情中、从双方的眼睛、语言与动作均流露着对彼此的爱意。

他们的情感就像一棵树，年头越长，树的根扎得越深、越坚实，越能承受风吹雨打，越不会轻易折断。一天天、一年年，彼此的喜怒哀乐、悲欢荣辱就像树的枝丫，相互交织，分不开，离不了，砍不断，慢慢地老去，在暮色西沉中融合、粘连，相濡以沫。

相濡以沫多美好的字眼，多美好的场景，如果有一天我白发苍苍，容颜退去，还会有谁牵着我的手在公园的草地上共看夕阳？回首往事的时候，想起那些如流星般划过的爱情，我们常常会把彼此的错归咎为缘分，其实说到底缘分就是一个虚幻抽象的概念，真正影响我们的往往就是那一时三刻的相遇与相爱的时机。男女间的交往充满了犹疑和忐忑的不确定与欲言又止的矜持，一个小小的变数就能够改变选择的方向。

笔者读过一篇《吸血蝙蝠》的文章。蝙蝠是靠吸其他动物的血来维持生命的。只要三天不吸血它就会死。在找不到猎物的情况下，蝙蝠会把自己的鲜血给没有进食的伙伴。这样那些蝙蝠就会有足够的时间用自己的鲜血来还这笔情债。这个结果恐怕很多人都不会想到。我们通常认为动物界一直奉行弱肉强食、优胜劣汰的"丛林法则"。这些吸

血蝙蝠之所以能够生存壮大，就是因为它们颠覆了"丛林法则"，在同伴处于危难之时，选择了其他动物无法做到的"相濡以血"。蓝国生夫妇又何尝不是如此呢？"草药"成了他们共同的精神"图腾"，无论生活中遇到困难和不幸，他们始终都没有放弃传承家族的壮医骨伤技术。

人生在世，其实也是生活在一个个集体当中，不可避免地要遇到这样或那样的危机之事，但无论生活怎样艰辛与艰难，夫妻二人都能团结一心，守望相助。樊宗秀这位壮族女子，用她的智慧、包容和善良与丈夫蓝国生相濡以沫地守望着他们共同的生活。这是何等的勇气！也许这才是樊宗秀对蓝国生的敬仰、理解和爱吧！他们把蓝氏家族的壮医药传承与发挥到极致。"草药"与"爱"为媒介，"草药门诊"为永恒的"爱床"。

三、草药诊所

老子说："天下难事必作于易，天下大事必作于细。"意思是说，天下难事必须要从容易的做起，把简单的事做好就是不简单；天下大事必须从小事做起。伟大来自平凡，一个人每天要做的事往往就是重复着的平凡小事。

"某生长兹土，犹乡之人也"。蓝国生从草根医屋走向成功，创立了他心愿已久的上林县万福骨伤医院，可想而知是何等的不易。

在壮乡，家庭中的长子往往被看作是支撑门户的老大，除了要做出应有的贡献和牺牲外，还有一个永恒的义务——养老送终，抚养弟妹。在蓝家，因各种因素蓝国生虽为小儿子，却代以长子隶服家族。

每天太阳尚未升起，雄鸡鸣叫的时候蓝国生就得起床，扒口饭，然后匆匆地跟母亲下地干活，风雨无阻。一天的劳动全靠早饭支撑着，中午休息时用凉白开充饥。晚上干完活回家也只是喝碗粥填填肚子。这种艰苦的境况终日伴随着蓝国生。当时蓝国生刚刚迈入成年，他不甘心一辈子这样受穷，希望用自己的力量和智慧摆脱这种困境。尽管蓝氏家族有一套"土医"（壮医）治病方法，蓝母也隔三岔五地给村民看病、采药以贴补家用，但来看病拿药的村民生活条件也都不富裕，家境稍好的有时会带两斤米或几个鸡蛋作为医药费；家庭困难的患者蓝母和家人往往是免费为其诊病，甚至还让患者带上自家种的蔬菜和瓜果。有人说，壮乡上林以盛产"慈孝"著称，在龙母这块土地上更是以"慈孝"为荣。这种诊疗收费方式何尝不是"仁慈"的一种诠释呢？

随着时间的推移，到蓝家看病的患者日渐增多，蓝国生看在眼里想在心里，于是在蓝国生 20 岁那年，他和族人开了一间"草根"诊所。蓝国生决心用自己的力量证明自己。从最初的家族诊所到后来的骨伤医院，蓝国生建起了一支非血缘或裙带关系的医疗团队，传承着中国壮医治骨疗伤的综合疗法。

"草根"诊所是蓝国生骨伤医药思想的发端和医术的起点。修己医人，仁者治病，在蓝国生和族人的精心呵护下，"草根"诊所在龙母大地渐渐成形。它为蓝家的生活提供了保障，也为蓝国生的医学之路铺就道路。从此，蓝国生的医学之路越走越宽广，在壮乡的红土地万福村，终于实现了他的梦想。用蓝国生的话说："治病救人、医道日新是责任所在。"正是蓝国生的正能量让他走向成功！

壮哉、壮哉，天地之间有乐于是者！蓝国生的"草根"诊所离不开传统壮医疗骨治伤的方法。大自然赐予的壮药所带来的疗效远远超出了人们的想象。蓝国生和妻子数十年来潜心研究壮药防病治病的功效，以造福患者。

在常人看来这不过是个普通的"草根"诊所，但它却有着不平凡的经历。虽然诊所主人蓝国生并没有什么惊人的壮举，也没有什么豪言壮语，只是默默地为百姓看病，可就在这平凡的一言一行中能透露出他对患者的真诚，以及他们夫妇对患者全身心的爱。

蓝国生的"草根"诊所不足三十平方米，每天来自各地的患者常常挤满整个诊所。可能有人会问为什么会这样？来诊所求治的患者为什么这么多？原因就在于蓝国生的诊所诊费低，最主要的疗效好，治愈率高。

蓝国生治疗骨折，患者并不会感觉很痛苦，因为他研制的"草药包"能有效缓解疼痛，促进受伤骨细胞的新陈代谢，提高受伤细胞的再生能力，松解骨伤周围的骨碎细胞，加快损伤部位的血液循环，促进细胞修复。"草药包"具有补虚泻实等作用，通过外敷，使药物透皮吸收，以提高人体的自身免疫系统和抗病祛病能力，改善人体的内环境，促进新骨细胞的正常成长。

"草药包"中的药物均产于高海拔地区的壮乡，是地道的壮药，原生态的草药，药性纯正。蓝国生和他的妻子经过筛选、加工做成"草药包"，用于骨伤疾病的治疗，其对患者有极强的"亲和力"，临床效果十分明显。

似乎家族的土医天赋在蓝国生的身上已俨然成形，但他并不满足。他的目光投向了更远的地方。蓝国生从家族"土医"到"草根"门诊经历了十年时间，之后他运筹帷幄，创立了万福骨伤医院。他带领他的团队，凭借精湛的医术和令人信服的效果，吸引了周边县、市乃至区内外的广大患者。每年到万福骨伤医院求治的患者络绎不绝。

用壮医的"草药"治疗骨伤疾病是蓝国生和他的团队永久的医疗主题。研究显示，壮药能够防治多种疾病。他们以挖掘、弘扬壮药为己任，传承壮医精髓，在民族医药海洋里徜徉，服务百姓。

民族医药治疗骨伤疾病是一个新的课题。早在 20 年前药物专家就预言：化学合成药、生物药、从植物中提取的绿色药物今后将在医药领域形成"三足鼎立"之势。今天，化学合成药的研发似已走到尽头，天然绿色药物和基因工程将是未来医药发展的两大方向，而天然绿色药物以其无与伦比的安全性和多样性已成为现代医药发展和健康需求的主流，壮药更是现代绿色药物重要的组成部分。

此物信灵味，得与幽人言。古人的预言已成为今人的福祉。科学无国境，科研无止境，在科学技术高度发展的今天，壮医这块"瑰宝"将以它的独特疗效，在医药学、生态学和药学领域异军突起。壮药以"鲜"为主，无毒、无副作用，是纯粹的天然药物。

蓝氏诊所秉承"医道、公德、信义、宽容、和平"的宗旨，赢得远近患者的信任。当门诊难以满足需要时，宅心仁厚的蓝国生和妻子樊宗秀便于 2005 年创建了万福骨伤医院。

一个民族乃至一个家族，世世代代将壮医予以传承，对家族来说是莫大的幸福。今后他们仍将一代代地传承下去，使古老的壮医焕发出青春的力量。

笔者常常在想，为什么壮乡这块土地总是坦坦荡荡而不遮遮掩掩？为什么它能够承载历史的厚重快速进入开放社会？其中至少有一份来自壮乡人心底的那份质朴和高贵。

"生经多难情愈好"，这实在是灾难给人的最大恩惠。蓝国生夫妇的诊所建在村庄的中心，目的是方便患者就医。上林古称澄州，是一个广袤富饶的狭长谷地。这里有养人的红土，日月经天，来往升降，穷万物之哲理，珠江流域，长河行地。

红土地不但盛产优质水稻，也长满了壮药。蓝国生每天白天治病，

晚上则学习家族流传下来的壮族医技，整理治病的医案。蓝国生把诊所的生活作为艺术来铺陈。忙碌后难得的闲暇之时，他常常自己沉浸在草药之中，体谙个中深意。数十年草药使用的感悟，使他对骨伤治疗有了新的认识，逐渐积累了一些经验。如由草药制成的胃康粉治疗胃溃疡效果十分明显，用于口腔疾病的口腔液可以有效防治口腔诸多疾病。其他如紫苏煮螺蚌解毒祛腥、佩戴草药包防病治病、某些草药内服可以减轻疲劳、某些植物有大毒不可内服等等。这些为他综合治疗骨伤疾病和发展医院奠定了基础。于是我懂得了什么是壮医药，读懂了蓝国生。那埋藏在蓝国生心底的"壮医情缘"已经转化成无坚不摧的力量。

"行医于仁"。蓝国生的医院无论逢年过节还是大年初一都不会打烊。这已形成习惯。这也是壮医几千年形成的良好的医风和习俗。医院立足公益服务，时常免费送医送药。

华夏民族乃至壮族医者，最懂得文明与野蛮的区别。壮族自古就是农耕稻作的民族，壮医药是在农耕稻作的发展中形成的，能够走到今天，不仅取决于极富特色的治疗方法，还取决于良好的医德医风。

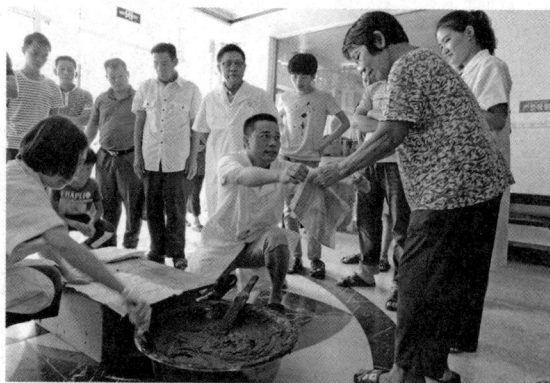

医院免费为患者送药

蓝国生将传统壮医药与壮族"龙母文化"联系起来，不但传承了壮医精髓，而且将其壮药运用到了极致。在新时代的召唤下，他将继续传承和发扬龙母精神。

第四章　　龙母精神传承

一、慈善行医

20 世纪 80 年代初，以黄汉儒为代表的壮医学者，一批壮医精英开始对传统壮医进行发掘和总结。在他们辛勤努力与付出下，传统壮医药得到了长足发展。这其中也包括对传统壮医骨伤的挖掘和整理。蓝国生自然是传统壮医骨伤的挖掘者、传承者和拓展者。

蓝国生一路走来，他的成长、他的成功乃至所取得的骄人成绩，自始至终都离不开他的胞衣土壤——龙母之地。

蓝国生自行医以来，就没有让壮乡的父老乡亲们失望过。在几十年的骨伤疾病治疗

蓝国生院长

中，蓝国生所扮演的角色是一位医技精湛、崇尚医德的传统壮医骨伤医师。

尚且不去讨论蓝国生天性淳厚等品德，也不讨论他和他的团队用什么方法为患者疗伤，以及期间他们所遇到的困难，而是谈论人们热议的医患问题。

蓝国生以他最朴实的理念——精医与仁义经营着他所钟爱的事业。常言道：医生的人品好、医德好，医术就上得去，医术与医德关系密切。医德不好、人品不好，医术就上不去。所以医德是医患关系的核心、疗效的关键。如果医德好、医术高，能够帮助患者解决问题，收费又合理，就不会引发医患纠纷。笔者常常在想这样一个问题，医生给患者看病，帮助患者解决了问题怎么还会有纠纷呢？但现实中个别医生确实存在职业道德问题，不仅疗效不佳，还往往把责任推向患者，而且诊疗费又高，这样怎么能不产生纠纷呢！

蓝国生这位平凡而不平庸的民间骨伤医生，首先想到的是"道"，然后把"医技"补充进去，由表及里、自浅入深，让医院全体医务人员从感性逐步向理性境界上升。蓝院长这不只是补充，而且深入人心。他那朴实且真知灼见的思维，在广西壮族地区堪称民间医生的楷模。

蓝国生的匠心充分体现在"医技"之高、"仁道"之深。蓝国生一生做过很多善事、好事，让人称道的还是他所创建的骨伤医院。这是一件多么了不起的事啊！

"只问耕耘，莫问收获"是蓝国生一辈子所追求和遵循的王道。他能有如此的境界，从另一个角度说，得益于壮乡这片土地的滋养和龙母精神的沐浴。

华夏民族医学文明，自古以来就倡导"仁心仁术"。"仁心"最早出于《孟子》之道。蓝国生善用的"治疗体系"，或多或少地贯穿着

"仁心仁术"，同时传承着壮族"龙母文化"的医道。

"以人为本"是作为医务工作者的蓝国生所遵循的理念。从最初"婴儿般"的小诊所，到现在专业性极强的骨伤专科医院，无论医术还是医德他都做到了极致。

蓝国生的骨伤医院从精神层面上讲，首先是"仁医"。在医术上则追求的是"人无我有，人有我优，人优我精"。这或许就是蓝国生骨伤医院的特色吧！走进医院，我们更能了解壮医的实效和壮草药的神奇！

骨伤医院从一间草药门诊慢慢发展起来，是蓝国生数年辛勤、奋斗与努力的结果。蓝国生把一个一贫如洗的草屋诊所，壮大成今天的骨伤医院，始终贯穿着"医者仁也"的精神。

骨伤医院的病房大楼在龙母腹地拔地而起。这里环境宜人，四季分明。医院内空气清香沁心，医院外鸟语花香，令人亲近。这让笔者想到了清代涨潮的诗句："因雪想高士，因花想美人，因酒想侠客，因月想好友，因山水想得意诗文。"如此清心和雅趣，似乎就连花园式病房也悠悠成了观花或听蝉、月下吹箫或霜中饮酒之地。

骨伤医院以草药治疗为主，将自然疗法用于骨伤疾病治疗。笔者目睹了蓝国生"草根疗法"的全过程。

蓝国生为骨伤患者治疗，采用的是壮医传统绝技银针、草药、正骨。

说到银针，蓝国生用针灸替代西医的止痛针和麻醉药，以达到止痛的目的。再加上草药外敷，患者能彻底摆脱疼痛感。

蓝国生这位身怀绝技、学验俱丰的壮族"龙母"后裔医师，不但对壮族"土医"（壮医）的民间绝技了如指掌，能够如鱼得水地施治于不同骨伤疾病，就是疑难杂症，他也能妙手回春。蓝国生的骨科造

诣更是得到医学界和民间的广泛赞誉，前来救治者络绎不绝。在壮乡"龙母"之地的蓝国生，百姓称他为"草根医生""草药驳骨"第一人。

蓝国生的仁心仁术在壮乡传播甚广，区内外乃至国内外的患者都前来医院求治，有的则通过上网、手机或亲属把受伤的图片发到医院或蓝国生本人。蓝国生看过片子和了解情况后，会第一时间告诉患者治疗方案和配方，让患者放心休息，告知患者他的方法没有任何副作用。对到医院求治的患者，蓝国生始终面带微笑，轻声安慰，取得患者的信任。他说这就是"会神"，当医患双方"会神"后，手法治疗就会恰到好处，事半功倍。

蓝国生的治疗室井然有序，摆放着独家配制的草药包，草药包的味道芳香醒窍，闻后令人心神愉悦，温暖放松。他给骨折患者治疗时，先把手放在骨折部位，配合手法按揉，由医护人员协助，完成拔伸、牵拉、按压、固定，施术十余分钟，其他手法并用，整个过程动作轻柔娴熟，没有患者的一声叫喊，只有会心的交谈，患者骨伤之处则归位消肿，再敷上"草药包"，治疗过程令人惊叹不已。蓝国生说：这是让软组织发生弹性改变，使骨折之处向愈性复位；改变局部流动的气血，使筋膜和软组织得到牵拉，之后再用手法复位固定即可。骨折会引起软组织损伤，使皮肤、脂肪、筋膜、肌腱、肌肉、腱鞘、滑膜、滑囊及一些神经血管发生一系列改变，中医多从气血入手，对脏腑和其他组织提供能量，激发人体的代谢功能和自愈功能；壮医先用上等的竹片或木板固定，再加上蓝国生的独家手法，以达到接骨续筋、行气导滞、通经活络、消肿止疼的效果。

蓝国生的这一整体治疗方案既不损伤皮肤，费用又低廉，可操作性强，是传统壮医骨伤治疗的绝技。蓝国生说，采用具有激发骨细胞生长的中药和壮药进行治疗，能够将骨与骨细胞快速连到一起，促进体内的氧化和还原作用；能够维持结缔组织的正常功能，加大肌肉纤维的连接，促进伤口愈合，并加快血液循环和骨痂形成。草药的使用需辨证而施，因人而异，实行个体化治疗，骨折导致的骨或骨小梁的连续性断离要特别注意。老年人因骨质疏松，比较轻微的外力或不太强的不均衡肌群收缩力下均易发生骨折。老年人骨折后，因骨的修复能力弱，故愈合缓慢。患者因活动减少、长期卧床或体质虚弱等极易发生褥疮、肺炎、麻痹性肠梗阻、血管栓塞、泌尿系感染等并发症。加上老年人反应迟钝，对受伤史和自我感觉诉述的常常不够准确，故往往容易被忽略。老年人常见的骨折有股骨颈骨折、脊椎骨折、颌骨下端骨折、肱骨外科颈骨折，以及咳嗽引起的自发性肋骨骨折等。蓝国生运用壮医手法，结合中医的辨证施治，采用"散瘀、生新、合骨""内外兼治""动静结合""气血兼顾"之法，遵循"急则治其标、缓则治其本"的原则进行施治。老年人因对各种治疗方法接受性较弱、并发症多，又必须根据具体病情、年龄和体质的不同，遵照个性化原则，拟订安全可行的治疗方案。

　　骨折的愈合主要靠人体自身的恢复能力，不单是药物的作用，药物能够起到预防炎症、减轻疼痛、强壮肝肾的辅助作用。将壮药与中药结合使用效果更好。跌打损伤后，瘀血在体内而不散，血不活则瘀不去，瘀不去则折不续。中医学认为，"气为血帅，血为气母"。"肝主筋，藏血；肾主骨，生髓；脾主运化，主肌肉；肺主气，司呼吸，朝百脉"。采用活血化瘀、续筋接骨、滋养肝肾、补气养血的中草药，能够达到散瘀健骨、生肌舒筋、调畅气血的作用。如用土鳖虫、马钱子散血通经，消结止痛；用蚂蚁蛋、天然铜补益肝肾，续筋接骨；用麝香、龙脑行气止痛，诸药相辅相成，对各种骨折都有较好疗效。

　　蓝国生的"草药疗法"是遵循"天人合一"的理念，不同年龄的

骨伤患者均能得到很好的治疗。但在上林万福骨伤医院救治的患者，医护人员只要在骨折疼痛处敷上一包草药，不到两个时辰疼痛就会缓解。蓝国生有很多让人感动的治疗例子。走在上林地区，走在万福村的街道上可以看到，医院自创建以来，十里八乡的百姓都会到这里看病，原因是这个医院疗效好，费用低。特别是那些生活贫困的患者，在医院拿药仅收极少的费用甚至不收费。在这里看病，不收挂号费，患者也不会担心药费和治疗费上涨。蓝国生常常跟患者说："你的骨折我们负责给你修复好，若还有什么要求，我帮你协调。"

这是何等的医院？何等的医德？何等的人品？蓝国生不图名、不图利的事迹感动了患者，也感动了笔者。这也是笔者撰写本书的初衷。

在壮乡、在万福骨伤医院有这样的好院长，他传承着壮乡的"龙母"精神。医院开办到今天，医患纠纷是零。这是其他医院难以做到的。

中国有句古语叫"三岁看大，七岁看老"。蓝国生的母亲蓝佩全是一位十分称职的母亲。她很早就发现小儿子蓝国生有医学天赋，所以蓝国生很小的时候，蓝母就有意对他悉心栽培。长大成年后，蓝国生的吃苦耐劳和善良本性，成就了他在壮医骨伤领域的一番伟业。

"医者意也"。沿着占贤的思想脉络，引导读者领悟生存的智慧，活出健康的生命。"医者意也，慈悲为怀"。这是中国传统文化提倡顺其自然的生活原则。返璞归真，回归自然。这是现代所向往的圣地。人们不妨徜徉于蓝国生的壮医医院，在现代医学与传统壮医的结合之中体会蓝国生的医学人生。

二、爱的感召力

爱的力量是巨大无比的，能够让家庭美满，社会安定，能够使人间处处有温暖，处处有温情，处处有爱，使世界和平。

　　发生在广西上林县万福村的一个典型例子就是蓝国生用自己的爱心救助塘红乡的石某。石某从小失去双亲，是个孤儿。更不幸的是他还身患残疾。石某可以说是吃着万福村百家饭长大的。年龄稍大一点，他便在大街上游荡，居无定所，露宿街头，常常挨饿受冻，偶尔遇到好心人能果腹一餐。因为常常吃不饱，他便染上了一些不良行为。因为偷盗他常被打得鼻青脸肿，衣衫褴褛，伤口龌龊，不堪入目。因为偷盗他还进了监狱被判刑。刑满出狱后，因为没有工作，他又干起了老本行（行窃），万福村家家户户几乎他都偷遍了。面积不大的万福村，人口也不多，他的行为让街坊四邻惶恐不安。每每提到他的名字，大家都恨得咬牙切齿。

　　面对这一情况，蓝国生决定将石某留在医院，为他在医院找了一份工作。蓝国生一次次语重心长地跟他交谈，让他改掉身上的不良习惯。有人说石某是"狗改不了吃屎"。蓝国生则顶着众议和家人的反对，坚持给石某改过自新的机会。也许是蓝国生的爱与真诚感动了他，唤起了他的良知，石某认识到自己也能自食其力，于是每天把医院里里外外打扫得干干净净，把桌子、椅子擦得一尘不染，把杂物收拾得整整齐齐，把整个病房全部打扫一遍，所有物品摆放整齐，垃圾清出病区，之后就安静地坐着看医务人员工作。他仿佛忘了自己所在何处，正陶醉在自己的梦想之中。

　　说来也怪，自从蓝国生收留了石某后，石某的眼里不再露出半点儿可怜之相。他觉得自己不缺胳膊、不缺腿，为什么要乞讨、偷窃呢？这是他当乞丐和小偷以来第一次这样问自己，他的灵魂在觉醒。这个曾被社会遗弃的孤儿，在蓝国生的教育和感召下整个人都发生了变化。他努力试着通过工作彻底改掉一切坏毛病。经过不懈努力，在

上林万福骨伤医院后勤工作了几年后，他成了一名非常有责任感的好员工。若干年后，蓝国生拿出一块地给他盖了房子，作为他在医院努力工作的奖励。

在常人眼里，这不过就是一个普通的房子，但对石某这个孤儿且身患残疾的人来说，那不是简单的一间房，而是一份希望，一份对人生的希望，一份对美好未来的希望！这让笔者想起的中国一句俗语："浪子回头金不换。"

爱心是一滴洒落在花萼的甘露，使心田久涸的人得到滋润。

爱心是一句飘荡在寒晨的问候，使奔波劳累的人感到振奋。

爱心是一首飘荡在夜空的歌谣，使孤独无助的人获得心灵慰藉。

爱心是一泓沙漠里的清泉，使濒临绝境的人看到生活的希望。

蓝国生不但帮助残疾孤儿，还常常捐钱捐物给贫困百姓，免费为乡里乡外的乡亲看病，赠送医疗用品。30多年来，蓝国生把辛辛苦苦赚到的钱用于慈善事业。如今已是花甲之年的蓝国生，仍在医学事业上追梦，从未停止他的行善大爱。蓝国生说："我只是想帮助他人。"帮助他人就是帮助自己。他人有难，你帮助他人；你有难，他人也会帮你。蓝国生把爱心献给了残疾孤儿，这难道不是一件了不起的事吗？

翻看蓝国生的履历，他并没能在适龄时进入中医药大学读书，不过是一名连中学都未毕业的学生，但他胸襟宽广，心里装满大爱。

蓝国生认为作为一名医生的最基本职责就是治愈患者。他在管好医院的同时，立足本职工作，注重提高治愈率，减轻患者负担。他深入探讨传统壮医与中医的结合，大胆创新，反复摸索，治愈了许多其他医院无法医治的疾病。

骨伤医院自2005年创建以来，短短的十余年，蓝国生带领他的团队不懈努力，将壮药与中医辨证论治相结合，采用独特的壮药与接骨术，使治愈率达到了 90% 以上。

蓝国生认为，作为医生，对患者要有良心、宽容心和责任心，时刻为患者着想；作为院长，工作中要设身处地为员工着想，解决医护人员的生活所需。医院对救治的患者，病情紧急的，开设绿色通

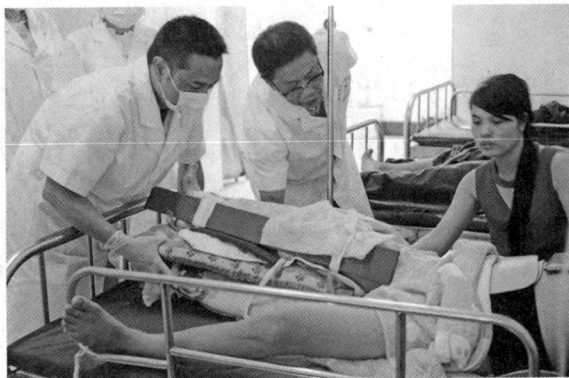

蓝国生在救治骨伤患者

道；家庭特别困难的，有"治病扶贫"专项政策，治疗费、住院费减免，仅收少量的用药成本。在生活方面医院有食堂，尽可能减轻患者及家属的困难。

蓝国生的嘴边常挂着这样一句话："我开医院不是以赚钱为目的。"他不只是嘴上说说而已，而是用实际行动践行着自己的诺言。

中国人有一种美德叫"做好事不留名"，蓝国生何尝不是如此呢！

蓝国生和他的医疗团队，多次赴偏远山区为当地百姓治疗骨折、腰腿疼、胃痛、失眠等病，免费发放医院制作的胃病、牙疼、口腔溃疡等药粉和药液。对经济困难的患者提供免费医疗。他们还时常到村、县周边地区为百姓义诊。蓝国生说："医疗扶贫始终是我的工作重点。"

蓝国生的医疗团队下乡义诊时，常常被父老乡亲们围得水泄不通，看着大爷、大妈们充满期待的眼神，蓝国生觉得医务人员就应该下到基层扶贫义诊，为百姓排忧解难。如遇在家留守的老人和孩子无法外出看病，或骨折的老人、小孩不方便到医院就诊，蓝国生或邮寄药物，

或派医护人员送药下乡。

在下乡扶贫义诊过程中，蓝国生目睹了许多因病致贫、因病返贫的家庭，了解了基层缺医少药的现状，留守儿童和留守老人的增多凸显了社会老龄化的矛盾。这一现象他看在眼里，急在心里。尽管医院的帮扶能力有限，但他告诉自己，要尽一切可能帮助那些需要帮助的人，尽一份自己应尽的责任。蓝国生用爱心缔造着生命，为人间播种着幸福。这是蓝国生从医 40 多年的事业追求，也是一名医生所应履行的职责。

蓝国生的医院自从创办以来从不打烊，24 小时都敞开大门。但凡有贫苦患者前来问诊，他都会为他们提供无偿服务，免费送药，不求回报。

在蓝家，蓝国生是家中小儿子，也是十分孝顺的儿子。为了更好地照料母亲，蓝国生工作之余尽量腾时间陪伴母亲。蓝母晚年，蓝国生几乎每顿饭都亲自下厨，只为母亲能吃到可口的饭菜，吃得舒心，以报答母亲的养育之恩和对事业的栽培。

常言道：善念如花，善举似果。善念之花常开，善举之果却不易结。心怀善念，是有善端，就像水之源、火之星是善的基础。"善"造就了蓝国生的"仁医"观念。

蓝国生的善举使笔者想到曾读过的一段文字：暴风雨后，海边沙滩的潜水里有许多被卷上岸的小鱼。一个小男孩不停地捡起小鱼并将其扔回大海。有人劝他说："孩子，这水洼里有成百上千条小鱼，你救不过来的。"小男孩回答："我知道。"那你为什么还在扔？谁在乎呢？"这条小鱼在乎！"男孩一边回答、一边捡起小鱼扔回大海。以行动为向导、把善念化为善举，涓滴又何尝不能汇成大海？倘若总在"值不值得""需要不需要"的犹豫中徘徊，我们就会错过让小鱼重返大海的机会。

向流浪者、乞讨者伸出援助之手，保持爱心也是一件难能可贵的事。流浪者、乞讨者在饱受世态炎凉之后，是蓝国生的爱心给他们以温暖。从某种程度上说，让乞讨者、行窃者痛改前非，给他们重新做人的机会，就是向善的最好体现。

孔子说过这样的话："人不敬我，是我无才；我不敬人，是我无德；人不容我，是我无能；我不容人，是我无量；人不助我，是我无为；我不助人，是我无善。"

"人皆有不忍之心"。每个人的内心深处都有悲悯之情、乐善之意，但能否伸出援手则是平庸与高尚的分水岭。"你就是他人的环境"，让善念更多地转化为善行，让善行善举少一些无奈，每个人都不是旁观者。善念在路上，我们不能让善行迟到。

先做人，做好人，后做事。这是蓝国生的秉性与座右铭。

人的精神是一种文化的高级形态，是价值观、人生观、世界观的集中体现。文化是基础，精神是表现。文化的状态如何，决定人的精神特性；人的精神状态如何，则直接决定事业的兴衰成败。

古人云："心若光明，万物生长。"又云："予人玫瑰，手留余香。"在蓝国生看来，最快乐的时候是帮助他人的时候，而不是接受他人帮助的时候。因为帮助他人的同时，看到了他人的成长，看到了他人的快乐，看到了他人的感恩，这能让自己更加快乐。所以付出是得到他人支持、尊重和感激的源泉！

蓝国生正直、实在，不畏权势也不谋权势。他无心仕途，虽有一身本事，却甘愿服务壮族百姓。淡泊名利的蓝国生无所不学，涉猎颇广，尤其在骨伤领域造诣颇深。蓝国生用药可谓神效，名声在外，无论平民百姓还是高官厚禄之人皆找他看病。在蓝国生眼里，没有权贵

贫富之分,一律平等。他认为,学医的目的就是帮助需要帮助的人,而不是用来升官发财的。正是因为这样,蓝国生并没有步入仕途,而是在自己创建的骨伤医院踏踏实实地履行一个医者的职责,不但把医院经营得有声有色,而且投身公益事业。

壮医的草药让蓝国生在平凡的事业中做出了不平凡的事迹,也使他拥有了不同寻常的人生。

三、修福安民

从小由这块著名龙母土壤滋养长大的蓝国生,始终保持着壮族人的耿直、善良、朴实和踏实的秉性。蓝国生无愧于养育他成长的龙母之地。在他的事业渐渐成功之时,他将重金投入了百姓安全健康饮水塔公益事业。

蓝国生有着与常人不同的眼光,用赚来的钱的一部分投入了有意义的爱民事业。蓝国生的理财观念是"生不带来,死带不去"。在他的处世理念里,主要是以社会责任为己任。在医院发展的同时,蓝国生不断用自己努力赚取的财富回报社会,为壮乡上林地区的百姓福祉尽一份力所能及的力量。

百姓安全健康饮水塔

蓝国生每年都会拿出一部分资金用于公益事业。同时,医院发起打造了"健康饮水＋医药扶贫＋下村健康扶困"的组合拳。

首先是百姓安全健康饮水工程行动，迄今耸立在上林塘红乡万福街的一座高达几十米的健康饮水塔，是蓝国生扶贫领域中的一个战役。

自 2005 年创建医院以来，蓝国生每年都会抽出一部分的资金用于帮扶百姓饮水工程，如发电抽水的电费开支，不让万福村的百姓掏一分钱。

健康饮水塔建成前，这里喝的水和生活的水都没有达到国家规定的要求。为了建水塔，蓝国生投入了 200 多万元。水塔的功能主要是净化水质，大大解决了万福和周边村落饮水难和饮水不达标问题。

水塔坐落在万福小镇的街中央，东边是万福骨伤医院，正对面与街道中心相连。健康饮水塔塔身光洁坚致，气势恢宏，沿着万福街道，民房整洁干净，由东到西长几里许，可谓上林壮族地区的一个世外桃源。

"见自己，见天地，见众生"。这里的民风朴实尚善，与他们"龙母文化"的精神传承相融合，十分贴切。

在上林，蓝国生和他的团队的"健康扶贫"模式多样化，不但开展"医疗健康扶贫"，还下到农村义诊。多种形式的帮扶，解决了乡镇周边的农户特别是困难户"看病难、看病贵"的问题。

蓝国生采取多种措施，减免困难患者的医疗费，使家庭贫困的人也能受到良好的治疗，真正做到了为穷苦百姓。由于医院疗效好，收费低廉，到万福骨伤医院的患者越来越多，常常出现一床难求的情况。为了扩大医院服务的职能，使更多的人能受到良好的治疗，蓝国生又投资扩建了一所康复中心。

无论在医院门诊还是住院部，蓝国生不但减免患者的住院费和医疗费，还定期无偿为残疾家庭提供帮扶。适时开展乡镇、村落扶贫公益活动、便民活动日和健康日活动，选派专家义诊，开展讲座。

蓝国生对医院的医务人员，除工作上支持，还在生活上给予关心，保证了扶贫工作的落实。医院还制定了鼓励医务人员参加对口下乡进行医疗扶贫，确保帮扶期间医务人员的工资、奖金等待遇不变。对完成帮扶的医务人员，给予一定的生活补贴，这些得力的措施保证了医院真扶贫，扶真贫，得到了百姓与患者的广泛赞许。

诚如蓝国生所说的："创办医院不只是为了赚钱，而是为了更好地方便广大百姓看病。"

上善若水的精神，在壮族这片土地上一代一代生根开花，一代一代地沿袭。在龙母精神的映照下从远古走到今天，成为壮族后裔的一种精神寄托和生命支撑。壮族人对龙母精神的信仰和敬畏之心，彰显于壮族为人处世的正能量中，是壮族人的生命状态。

虽然壮族的历史在时间演变中曾一度遭到外族征讨，但这个民族对龙母的信仰与敬畏不会随着时间而减弱，而是会越来越浓厚乃至越来越强烈。他们把这种精神与民族和国家的命运连起来，真可谓大爱无边！

历史上记载的壮族文化、文字曾一度出现断裂，瓯骆族（壮族）在被外族征讨的过程中获得历练。犹如两种溶液相遇，低浓度溶液只能接受高浓度的渗透，壮族地区的百姓经过历史的洗礼而变得更加包容和大度，创造出味道更加浓重的尚善世界。

龙母这种海纳百川的精神，仁泽于后世，使我们得惠至今。遥想远年的古瓯骆地曾是"一带一路"的重要发祥地之一。在祖先瓯骆族人时期，岭南已经建立了西瓯和骆越两个方国，其中政治中心在今南宁市北郊。除了"稻作"经济，"南珠"副业是骆越方国经济产业链的一项财政来源。南珠经济一直持续到汉武帝时期，其将合浦的"南珠"上升到国家战略。到了东汉，刘秀派高级官员孟尝到了合浦郡后，才进一步完善了"南珠"的国家制度，演绎"珠还合浦"的故事。

据史料记载，那时岭南地区的骆瓯，海洋覆盖面积大，掌管着整个南海的经营权。壮族祖先骆越的祖辈作为最早的南海开发者，他们的子孙在这里"生根落地"，继承祖业。这一地区也形成了壮侗语族民族。到了汉魏时期，南海海运十分繁荣，达到了鼎盛。壮族祖先在这里创造了"海上丝绸之路"，发展海上经济以富民强国。社会形态的变化，迎来了沿海周边诸国乃至国际商贾。今天的"一带一路"可以说是承上启下，都是史有明文、不必讳言的事实。

中国五千余年的历史告诉我们，辛勤、奋斗铸就了强悍的民族。此刻笔者的情绪、心气又浮动起来。多年来，笔者一直思考一个问题，凭借岭南的山水、古迹，探寻瓯骆族圣贤艰辛跋涉的脚印。这项工作被一些繁琐情绪阻断了。的确，上林的"龙母文化"与圣泽之子真需要补一篇章。笔者站在龙母山上，仰望着龙母远去的目光，逼视着瓯骆民族（壮族）在片红土地上两千多年的历史兴衰。上林这个古老的壮族地名，让人一闭眼就能引出不少遐想……耸立在龙母腹地的万福骨伤医院，它的"仁医"精神不能不往来于古老的瓯骆历史与现代潮流之间。

这是一个充满龙母基因的土地，到处洋溢着人文精神与朴实的民风。

人格即人的品格、道德、节操，讲道德，重节操是中华民族的优良传统，且不说子罕"不贪宝"、文天祥"留取丹心"，就讲讲熟知的"乐羊之妻"吧。

据范晔《后汉书》记载：河南乐羊子拾到了一块金子，拿回家给妻子看。乐羊子妻说："我听说有道德的人不饮盗泉之水，廉洁的人不接受侮辱性的施舍，何况捡到别人遗失的东西得到好处而玷污自己的

行为呢？"乐羊子非常惭愧，便把金子丢到了野外。一个封建社会的家庭妇女有如此高尚的道德情操不能不让人钦佩和深思啊！正如一位外国文学家说的：一个人伟大并不在于富裕和门第，而在于可贵的行为和高尚的品性。乐羊子妻是一个平凡得不能再平凡的劳动妇女，但她不平凡的行为却千载传颂。

壮族的"龙母"文化早在秦汉之前人们就耳熟能详。在岭南，医药学的母体是"土医"（壮医）。其医学思想经过数千年的演变，逐渐发展成今天的壮医药学。站在龙母山顶，环顾四周，遥望广袤无边的红土地，谈论骨伤医院的创始人——蓝国生。这位骨科领域的草根医生，为患者采药，踏遍了壮乡的"龙母"之地。他走过的点点滴滴，给人感悟，给人启迪！传统壮医药薪火传承，后继有人，弘扬、振兴壮医指日可待。

蓝国生作为壮医骨科的学术带头人，集民间骨伤治疗精髓于一身，是壮医骨伤技术的继承者和传承者。情系壮乡、心系患者的蓝国生，为医一任，造福万方。人们有理由相信，在蓝国生的带领下，"草根"骨伤医院的未来愿景将更加绚丽！

四、发展新愿景

龙母古郡，历史悠久，孕育出传统医药的生命，特定的地理环境与文化铸造了壮医药学。

红土地之柔，似乎天地间飘动的云烟都带着一种温柔。壮乡土壤长出的花草也会带给人一种亲切的情绪。上林的龙母之地，是岭南地区壮族龙母思想最浓厚的地方，所谓"一方土地养一方人"。

蓝国生这位土生土长的壮族后裔，似乎感悟到了它的思想内涵。

他草创医院，继承传统壮医技法，采取特色疗法治疗骨伤疾病，在上林龙母地区被传为佳话。从20年前的"草根"诊所到现在大型的专科医院，蓝国生追求梦想的步伐始终没有停止。

若不是我的父母曾这所医院住院治疗，笔者不可能有机会深度了解这所医院，也不能零距离接触这里的医护人员，更不可能有机会跟蓝国生院长交流。笔者采访蓝国生院长后，了解了他的管理理念。蓝院长说："你要人家服你，就得比人家努力三倍。"他还说，做人要谦虚，要以静观态度作为人生的进取战略。荀子也曾说过，懂得沉默不开口的人，他开口说第一句话之前，都深悟话中的真正含义。

蓝国生平凡的外表给笔者的印象似乎有些沉默寡言。然而这正是他以静观的态度，一方面修养自己，一方面为自己的医学事业努力奋斗！

驻足在医院大楼前，仿佛看到蓝氏家族几代人奋斗所结出的硕果。蓝国生所有的成就都伴随着苦难，所有的梦想都倾注着希望。一所医院如同一个人的修炼。"夫唯不盈，故能蔽而新成"。"古之善为士者，微妙玄通，深不可识。"（老子《道德经》）

哲人说，谁都拒绝不了万物的生长，谁也无法遏制一个民族医药学崛起的力量。为了创办这所医院，蓝国生耗尽了毕生的精力，他一步一个脚印艰难地跋涉着！

有人说，能称得上人物、隐士的，他们多半有一种风范，不洒泪悲叹，不呼天号地。他们把目光放得很远，将人生的道路铺展得很广。他们步履放达，姿态洒脱，神采自信，目光平静，自然也包括体态精干与矫健。他们尽力地向世人展示自己，欲把自己的风采输进历史的魂魄。

蓝国生的生命何尝不是如此！他是一个值得人们敬佩、信赖的壮

族民间医生。他创建这所骨伤医院，没有依靠国家的一分一毫。无论遇到什么样的困难，蓝国生都凭借超常的毅力克服了。医院的创建为当地百姓提供了就业机会，简、便、廉、验的治疗方法，使百姓看病的费用大幅降低，就诊时间大大缩短，解决了周边乡镇、村民"看病难、看病贵"的问题。

走进医院，扑鼻而来的是"草药"淡淡的清香！南国的壮乡在这块被冠以龙母精神的土地上到处充满着祥和与宁静。蓝国生这位壮乡"草根"医师，他的神奇故事和他"魔鬼般的医术"都源于这片著名的龙母之地。

"己立立人，己达达人"。蓝国生的医道情节是壮医药技术的发扬光大，蓝国生的音容笑貌面对的是广大患者。有人说，蓝国生充其量就是连初中都没毕业的"山野之子"，但他却做出了一般人做不到的事。

哲人常说，所有的辉煌都伴随着苦难，所有的梦想都倾注着希望。蓝国生的一生多在告别、悲凉的路上行走，先是父亲英年早逝，再是情同手足的哥哥离去，广西上林这片土地留给了蓝国生太多太多痛楚、辛酸的回忆！

米兰·昆德拉说过："永远不要认为我们可以逃避，我们的每一步都决定着最后的结局，我们的脚步正在走向我们选定的终点。"

蓝国生历经了生活层叠的过程，当他再次注视故土上林，清晨的薄暮的红土地，给人一种倍感亲切的感觉。脚踏着这片土地的蓝国生环顾了四周的一切，似乎听到一个来自远方洪亮的声音。这声音是在驱使他再次寻找瓯骆（壮族）医圣的灵魂。它仿佛又引诱蓝国生将医论对话进行下去！

这让笔者想到了哈姆雷特。广西上林有一种旷古的宁静，这是对话的最好环境，就像哈姆雷特站在午夜的城头，面对已经死去的父亲。父亲有话没有说完，因此冤魂盘旋。儿子一旦经历了这种对话也就明白了自己的使命。

蓝国生的生命何尝又不是如此呢？刚刚步入成年，他就撑起了这个家族。

笔者采访蓝国生时，他说得最多的是"诚信与勤奋"，并十分谦卑地说："我少时无力进学，长大时又必须做工谋生，没有机会接受正规教育。像我这样一个身无专长的人，只会弄些草

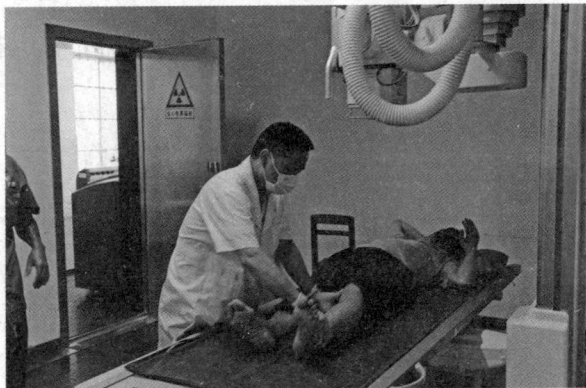
医护人员为患者点穴缓解疼痛

根草药。我始终认为，只有吃苦耐劳，才能弥补自身的不足。而且父亲英年早逝，家境每况愈下，如果不吃苦耐劳是无法生存下去的。直到今天，我一想到生活的困苦，便产生了克服困难的勇气。少年生活的困苦也许是苍天对我的赐福。"吃苦耐劳不但是蓝国生的座右铭，也是促使他成功创建医院的动力。

蓝国生处处以社会为己任，认为无论事业发展多大，都没有过奢靡生活的本钱，更不能放弃传统的勤俭美德和龙母精神。他把这种勤俭朴素的作风带到医院的经营管理上。

有人说，万福骨伤医院是幸运的，蓝国生也是幸运的！然而人们是否认真想过蓝院长立院之初的艰辛呢？

有学者说，行医其实就是一场修行，类似于苦行僧的"苦行"。

"天将与之，必先苦之；天将毁之，必先累之"。蓝国生既然从事了这个事关生死的行业，既然把这份神圣而辛苦、崇高而痛苦的工作当成自己的事业，就必须风雨兼程，且行且珍重，跪着也要走向终点；就必须痛并快乐着，累并坚持着，苦并收获着。没有梦想，就没有故事；没有故事，就没有精彩！

但不管怎样，万福骨伤医院和蓝国生还是幸运的，今天毕竟走在了中国改革开放的黄金时代，行走在了中国特色的伟大时代，开始了新的征程。

回首昔日，壮族在2800年前上林壮乡这块红土地上，壮族先民瓯骆人就在南宁大明山一带建立了瓯骆方国的"京都"。瓯骆民族具有悠久的历史和灿烂的文化，瓯骆文化中的稻作文化、青铜文化、干栏文化、崖画文化、龙母文化、医药文化等既对中华文明和世界文明产生过深远影响，也对本民族的医疗、保健、养生文化的创建和发展有着十分密切的关系。早期壮族的"医院"囊括了瓯骆人气功学、功夫学、性医学、针灸学、养生学、剖析学、草药学、心理学、命理学、象数学以及瓯骆方国的防治疾病与健身的方法（《易经》），相信壮医乃至民族医药的明天更加美好。

春华秋实，蓝国生做出了令本民族乃至壮医药称赞的骄人业绩。孔子曰："丘也闻有国有家者，不患寡而患不均，不患贫而患不安。盖均无贫，和无寡，安无倾。"意思是我孔丘听说过，一个国家、一个家族，不怕稀少就怕不平均，不怕贫困就怕不安定。因为平均就不会有贫困，和谐就不怕稀少，安定就不怕倾倒的危险。民族医学的平衡的发展何尝不是如此呢？

如今新的时代，中华在振兴，广西在振兴，上林在振兴，振兴之风愈吹愈烈，这是国人所望，人心所向。中华振兴，广西发展，南宁振兴，当在上林。为了振兴，政党在正风，机构在改革，上上下下多少人杰、匹夫都热血沸腾。对广西上林这块土地，恢复传统的民俗有着独特的意义。

荀子说："君子生非异也，善假于物也。"人类在几千年的文明进程中总结了无数宝贵的经验，我们应该认真学习，以指导实践，并将其转化到现代健康层面，互融互利，康寿人生，实现愿景。

广西作为中国－东盟合作的前沿，一路崛起。近年来，广西与东盟在传统医药方面的合作越来越紧密。许多业内人士认为，广西发挥自身的区域优势和特色，在扩大和加深与各国之间交流合作的过程中，壮医药产业的发展将驶入新时代的快车道！

今天壮医药的崛起与长足发展意味着，我们可以依靠现代自然科学的许多先进成果，以唯物辩证法的科学世界观和方法论为指导，对壮医药丰富的实践经验进行科学验证和理论思维，不必再走老路和弯路。壮医药研究的春天已经到来，前景令人欢欣鼓舞。有理由深信，21世纪的今天，古老的壮医药必将以崭新的面貌自立于我国和世界传统医学之林。

可以期待的是，在不久的将来，蓝国生草创的万福骨伤医院的传统"土医"（壮医）骨伤医术将日渐繁荣。在习近平新时代民族医学政策的辉映下，传统"土医"（壮医）的骨伤医术将毫无逊色地走进主流医学乃至国际医学领域，与现代骨科医学相颉颃，共同书写现代民族医学历史图谱。

后 记

　　心在朴实中活着会变得纯洁。沿着这片红土的山地，回味着这里数千年之间发生的故事，听着人们对民族理想的真诚希望，看着一种文化落后和文化发达的并存现象，你会感悟一个蒙眬模糊的神话所蕴含的力量，一个真实鲜活的故事发生在这片壮乡的红土地上。

　　说到龙母之子蓝国生的心路与家族草根的骨伤疗效远非笔者的描述那么简单。在壮医药几千年的传承中，始终有一根主线贯穿其中，这就是龙母精神，就是敢于承负因果！蓝氏家族的"土医"（壮医）挽救和治愈了无数患者的生命，医德泽人，好人好报这话虽俗，但这理实在。

　　笔者真希望有更多的人像蓝国生那样擅长壮医之道，但良知告诉我，这个民族医药学的生命力还需要在更广阔的天地中展开。

　　这是可敬可叹的壮族医学！上林万福骨伤医院与壮族传统医学的磁场紧紧地统摄着，在苦难中前行，在倔强中开花。

　　壮族骨伤疗法从古至今，无论民间单方还是混合组方，在岭南壮族地区，在流传于民间的特定环境中往往被解读为秘方或祖传秘方。只要稍稍涉猎这一领域，就会听到不少关于秘方的故事。所有出自壮族民间之口的秘方故事都讲述了一个共同主题，那就是医在民间，高手在民间。人们始终相信，每一种神验非常的民间方药背后都隐藏着一个扁鹊式神医。尤其是壮族，常被视为神秘的民族，特别是它的"土医"（壮医）。这个没有文字记载的民族，由于历史的原因，瓯骆族（壮族）踪迹飘逸，神龙首尾，但他们的确身在民间，与人们的日常生活紧密相连，与百姓的生老疾苦息息相关，因为善用奇方异术治病救人而得到社会的普遍尊崇。

事实上，蓝国生创建的骨伤医院就是在传承"土医"（壮医）的基础上发展和成长的。"土医"（壮医）有着独特的神奇功效，在壮族地区，即使现代人也能够感受到这个民族的医药学所带来的震撼。几千年来，"土医"（壮医）对壮族的繁衍昌盛起到了举足轻重的作用。壮族百姓对"土医"（壮医）的信仰很难用语言来表达，因为它更多地体现了民间百姓的观点和认知方式。也许祖传秘方就是在这种特定语言和民俗情景中对"土医"（壮医）的民间价值更有说服力的解说吧！

笔者有幸获得机会深度探访"土医"（壮医），加深了对壮医骨伤领域的了解，可谓受益匪浅。尤其是对上林万福骨伤医院蓝国生院长的采访，与其说是一种巧合，不如说是冥冥之中"神力"的安排。倘若笔者父母没有遭遇骨折，或许一切也就不是今天的样子了。

医者父母心。以德服人则人自服，以力服人则人难服。

前景可待，未来可期。蓝国生和他的医疗团队以博大的情怀给了患者最大的底气和福气！这份底气藏在你眼中绽放的神采里，镌刻在你为生活打拼、为理想执着追求的自信里，映照在你的谈吐、你的胸襟和你的视野里。生长在这个时代，就像坐上了一列快速向前的火车，它会带你到曾靠一己之力到达不了的地方。你会看到更多的风景，也会有更多的选择。你的成功、你的获得感和安全感，前所未有地与这个国家的发展繁荣紧密相连。

真是福气！笔者父母近90岁的高龄免除了手术的灾难，经过1个月的治疗，骨折彻底治愈了。父亲患有糖尿病，住院期间不吃降糖药，不打胰岛素，血糖非常正常。这就是上林万福骨伤医院神奇草药疗法的见证！

中华民族有五千多年的文化积淀，文化底蕴深厚，壮族是中国少数民族中人口最多的民族。千百年来，瓯骆方国的子孙，世世代代在这片红土地上繁衍生息，创造了属于自己民族文明的辉煌。上林故都"凉都"史料记载了瓯骆方国的"土医"（壮医），使得这块民族瑰宝得以传承。人们无法想象，如果没有"土医"（壮医），这个拥有几千年文明史的"稻作文化"的壮族如何能健壮地走到今天。

尽管古老的壮医尚没有机会驻足中原，尽管它的医学记载无法系统地传授，但它却在无声无息地影响着后人，使壮族人繁衍、成长、健康乃至强大，并逐渐融入华夏的民族医学。壮医的精髓已化作血液和氧气，深深地影响着这个民族乃至周边的东南亚各国。

壮医药正在崛起，正在南国大地生根、开花。壮族地区上林的万福骨伤医院不过是这个民族医药领域的一个缩影！

蓝氏家族把壮族的骨伤技艺一代代地传承下来，这是何等的健康财富！从医学角度看，蓝氏家族的骨伤药方疗效突出，颇具研究价值。

老子说："上善若水，水善利万物而不争。"这是对壮族后裔、上林万福骨伤医院院长蓝国生本色的最好诠释。

感慨之余，感谢蓝院长给笔者撰写此书的机会；特别感谢壮医泰斗黄汉儒教授为该书作序；还要感谢广西骆越文化协会会长谢绣球老师和北京大学校友、广西大学资深教授潘春见女士悉心阅此书稿，并提出宝贵意见；感谢韦明婵女士（广西中医药大学医学硕士，从事民族医药基础理论研究）、广西国际壮医医院明秀分院推拿科黄琳婷医师、广西文化产业集团有限公司李佳璐女士等对该书出版的关心和支持；感谢宋燕婕（北京大学）、童佩玉（广西师范大学）、陈佳璐（广西外国语学院）等同学对本书稿的校对。由于时间紧，书中不足之处在所难免，还望诸君海涵并不吝赐正。

2018 年夏于北京大学燕园